VOCABULARIO
ACTIVO E ILUSTRADO
DEL ESPAÑOL

ROSA MARÍA PACIOS JIMÉNEZ

ILUSTRACIONES DE ROSA OLEA

Sociedad General Española de Librería, S. A.

Primera edición en 1991

Septima edición, 2006

Produce: SGEL-Educación
          Avda. Valdelaparra, 29 - 28108 Alcobendas (MADRID)

© Rosa María Pacios Jiménez, 1993

© Sociedad General Española de Librería, S. A., 1993
   Avda. Valdelaparra, 29 - 28108 Alcobendas (MADRID)

Ilustraciones: Rosa Olea
Diagramación de la cubierta: Erika Hernández
Maquetación e ilustraciones de los ejercicios: L. Carrascón

Coordinador lingüístico: Enrique Wulff Alonso

ISBN: 84-7143-454-7
Dep. Legal: M-35.504-2006

Printed in Spain. Impreso en España

Composición: AMORETTI
Impresión: T. G. Peñalara
Encuadernación: F. Méndez

Contenido

U. 1.	Identificación	6
U. 2.	El cuerpo humano	10
U. 3.	La casa. La vivienda	14
U. 4.	Mar y montaña. El campo	18
U. 5.	Comidas y bebidas	22
U. 6.	La compra. Almacenes	26
U. 7.	Profesiones. Trabajo	30
U. 8.	La ciudad. Situación y direcciones	34
U. 9.	Vida urbana	38
U.10.	Vida social	42
U.11.	Descripciones	46
U.12.	Transportes. El automóvil	50
U.13.	Viajar	54
U.14.	Espectáculos. Tiempo libre	58
U.15.	La salud. La higiene	62
U.16.	Deportes	66
U.17.	El clima	70
U.18.	Educación	74
U.19.	Política y medios de comunicación	78
U.20.	Verbos	82

Soluciones de los ejercicios	86
Glosario bilingüe	92

Introducción

En la enseñanza de un idioma extranjero, el aprendizaje del vocabulario es una necesidad que ninguna técnica metodológica conseguirá soslayar. El **Vocabulario activo e ilustrado del español,** destinado a alumnos de español como lengua extranjera de nivel elemental, responde a ese fin. Con su ayuda, el estudiante aprenderá y afianzará un vocabulario básico de unas 1.000 palabras.

Cada una de las 20 unidades del libro está dedicada a un área temática o núcleo de interés fundamental. Dentro de la unidad, se presenta primero el vocabulario visualizado en imágenes (dos páginas), luego, se ofrecen otras dos páginas de explotación con ejercicios variados de aplicación.

Las palabras ilustradas en el diccionario de imágenes llevan un número que facilita su identificación. A pie de página, aparecen ordenadas —como potencial ayuda complementaria— con su equivalencia en inglés.

Un amplio glosario bilingüe (español-inglés), al final del libro, permite localizar cada palabra en la unidad donde aparece.

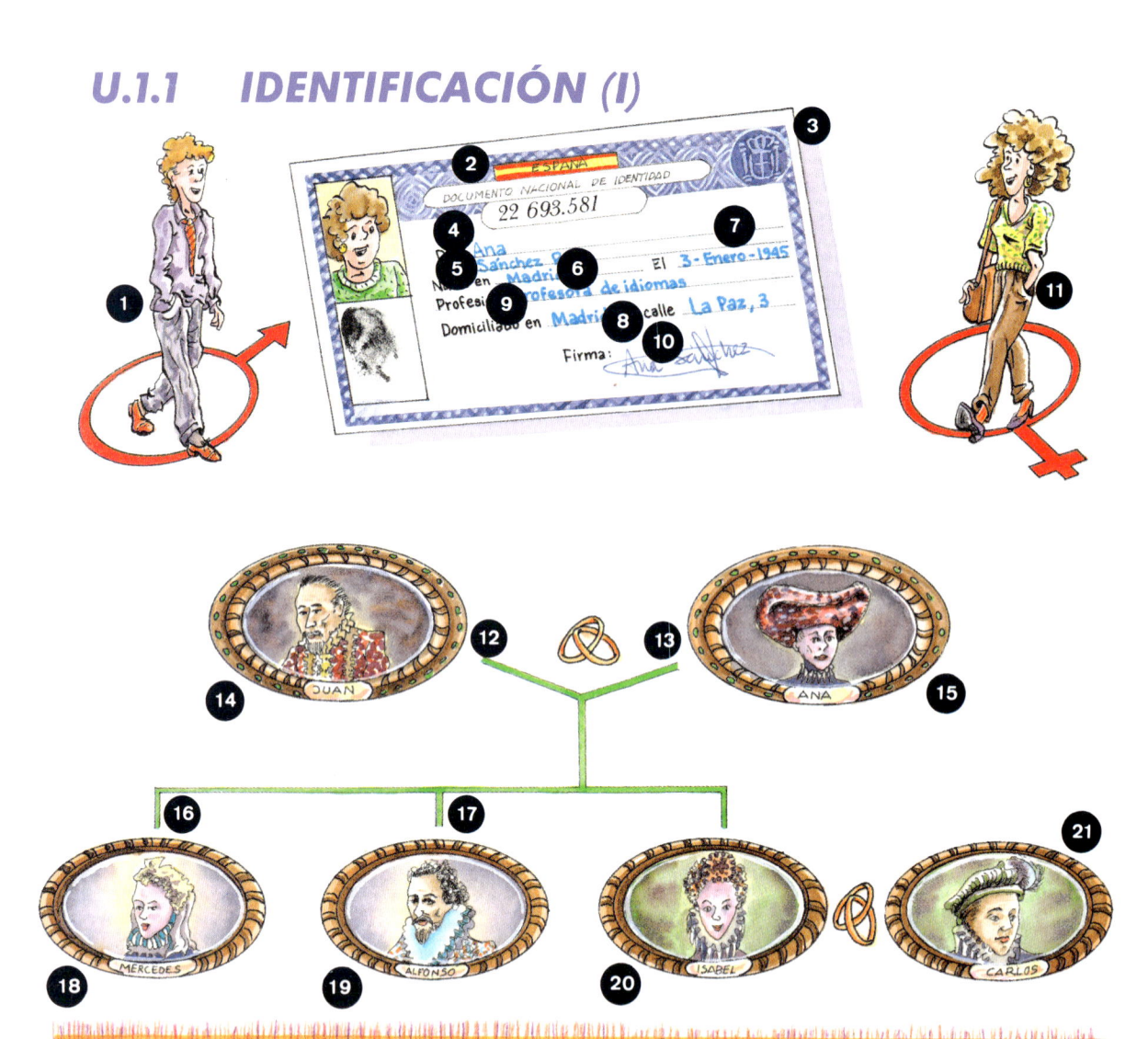

U.1.1 IDENTIFICACIÓN (I)

1	hombre	man	13	esposa	wife
2	nacionalidad	nationality	14	padre	father
3	documento de identidad	identity card	15	madre	mother
4	nombre	name	16	hija	daughter
5	apellidos	family name/surname	17	hijo	son
6	lugar de nacimiento	place of birth	18	soltera	single
7	fecha de nacimiento	date of birth	19	soltero	bachelor/single
8	domicilio	address	20	casada	married
9	profesión	profession/occupation	21	yerno	son-in-law
10	firma	signature	22	letras	letters
11	mujer	woman	23	mayúsculas	capital letters
12	marido/esposo	husband	24	minúsculas	small letters

6

U.1.2 IDENTIFICACIÓN (II)

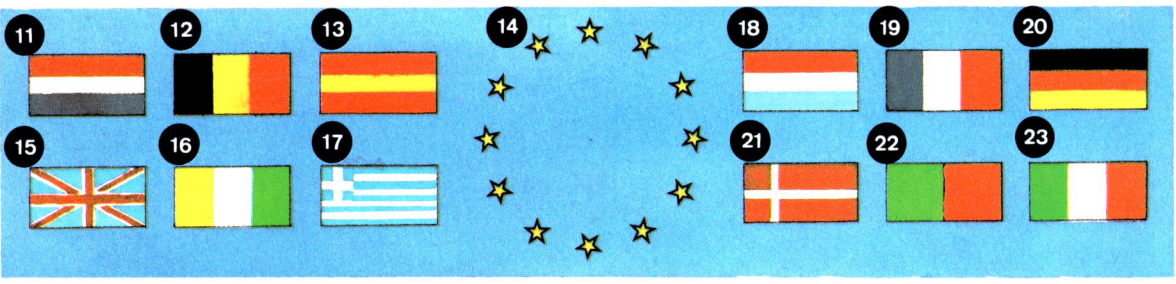

1	paseo	*avenue*					séptimo	*seventh*	13	España	*Spain*
2	plaza	*square*		siete	*seven*		octavo	*eighth*	14	Europa	*Europe*
3	calle	*street*		ocho	*eight*		noveno	*ninth*	15	Gran Bretaña	*Great Britain*
4	carretera	*road*		nueve	*nine*		décimo	*tenth*	16	Irlanda	*Ireland*
5	números	*numbers*		diez	*ten*	6	señor	*Mr*	17	Grecia	*Greece*
	uno	*one*		primero	*first*	7	don	*Mr*	18	Luxemburgo	*Luxembourg*
	dos	*two*		segundo	*second*	8	señora	*mistress*	19	Francia	*France*
	tres	*three*		tercero	*third*	9	doña	*Mrs*	20	Alemania	*Germany*
	cuatro	*four*		cuarto	*fourth*	10	dirección	*address*	21	Dinamarca	*Denmark*
	cinco	*five*		quinto	*fifth*	11	Holanda	*Holland*	22	Portugal	*Portugal*
	seis	*six*		sexto	*sixth*	12	Bélgica	*Belgium*	23	Italia	*Italy*

U.1. IDENTIFICACIÓN

A. Pregunta sobre la familia de la U.1.1.

Ej.: ¿Quién es Isabel?   Es la esposa de Carlos.

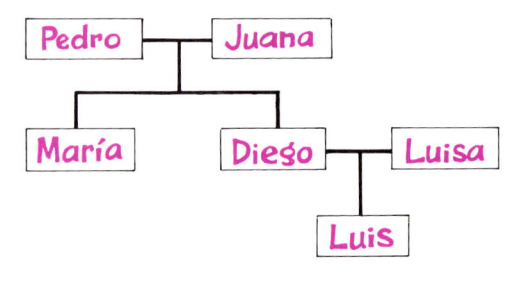

```
Pedro —— Juana
   |
María — Diego — Luisa
             |
            Luis
```

1. ¿Quién es Ana?
   _____

2. ¿Cómo se llaman los hijos de Juan y Ana?
   _____

3. ¿Cómo se llama el marido de Isabel?
   _____

4. ¿Cómo se llama el hijo de Juan?
   _____

5. ¿Cómo se llama el padre de Isabel?
   _____

B. Ordena estas palabras por familias:

mujer	avenida	cinco	calle
cuarto	marido	padre	seis
plaza	paseo	hija	octavo
primero	décimo	dos	tres

MUJER	PRIMERO	DOS	PLAZA

C. ¿De qué nacionalidad son los más comunes?

Quesos
Vinos
Tulipanes
Salchichas

D. Rellena con tus datos este carnet de identidad:

```
ESPAÑA
DOCUMENTO NACIONAL DE IDENTIDAD
                                    EXPEDIDO A
D............................................
................................................
POR LA
DIRECCION GENERAL DE LA POLICIA
EQUIPO  201-B
Reg. n°............
```

```
Nació en _____ prov. _____
el ___ de _____ de 1___ Hijo de _____
y de _____ E. civil ___ Prof. _____
domic. en _____ prov. _____
calle _____ n.° ___
Expedido en _____ prov. _____
el día ___ de _____ 19___  Caduca a los 5 años
Gr. sanguíneo:          Firma
SEXO:
```

E. Completa las frases con las personas de esta familia:

1. Juana es la .... de Pedro.
2. Pedro y Juana tienen dos ....
3. La .... se llama María y está ....
4. El .... de Pedro y Juana se llama Diego.
5. Diego está casado con ....
6. Pedro es el .... de Diego.
7. Luisa es la .... de Diego.
8. Pedro, Juana, María, Diego, Luisa y Luis son una ....

U.2.1 EL CUERPO HUMANO (I)

1	cabeza	head	11	muslo	thigh
2	pelo	hair	12	pierna	leg
3	ojo	eye	13	rodilla	knee
4	cuello	neck	14	tobillo	ankle
5	hombro	shoulder	15	pie	foot
6	espalda	back	16	estar de pie	to be standing [up]
7	brazo	arm	17	estar sentado	to be sitting down
8	mano	hand	18	estar moviéndose	to be moving
9	dedo	finger	19	estar acostado	to be lying down
10	codo	elbow	20	estar andando	to be walking

U.2.2 EL CUERPO HUMANO (II)

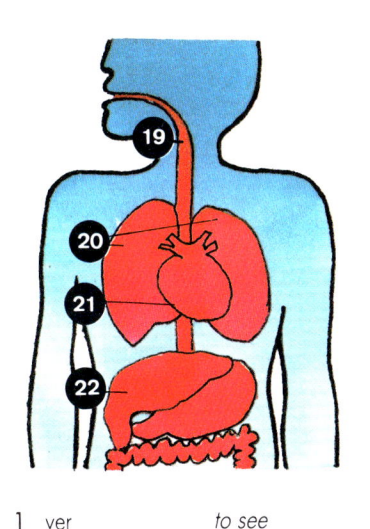

1	ver	*to see*	11	tener calor	*to be hot*	21	corazón	*heart*
2	oreja	*ear*	12	tener sed	*to be thirsty*	22	estómago	*stomach*
3	oír	*to hear*	13	tener hambre	*to be hungry*	23	gorda/o	*fat*
4	tocar	*to touch*	14	niño	*child*	24	morena/o	*brown/dark*
5	nariz	*nose*	15	joven	*young*	25	rubia/o	*fair*
6	oler	*to smell*	16	adolescente	*teenager*	26	delgada/o	*thin/slim*
7	boca	*mouth*	17	adulto	*adult*	27	alta/o	*tall*
8	gustar	*to taste*	18	anciano	*old man/aged*	28	fea/o	*ugly*
9	tener frío	*to be cold*	19	garganta	*throat*	29	baja/o	*small/short*
10	tener sueño	*to be sleepy*	20	pulmones	*lungs*	30	guapa/o	*good-looking/beautiful*

11

U.2. EL CUERPO HUMANO

A. ¿Qué partes del cuerpo son importantes para...

cantar?
bailar?
leer?
comer?
tocar el piano?

B. ¿Por qué haces estas cosas?

Te pones el abrigo.
_____

Bebes agua.
_____

Comes.
_____

Vas a la cama.
_____

Te quitas el abrigo.
_____

C. Une los nombres con los adjetivos más adecuados.

Frankenstein	*Guapo*
Marilyn Monroe	*Gordo*
Stan Laurel	*Moreno*
E.T.	*Delgado*
Severiano Ballesteros	*Bajo*
Oliver Hardy	*Feo*

D. Completa las frases:

1. Vemos con
2. Oímos con
3. Olemos con
4. Tocamos con

E. Une las palabras de las dos columnas:

Policía
Portero   *estar sentado*
Dependiente   *estar moviéndose*
Cartero   *estar andando*
Bibliotecario   *estar de pie*
Bailarina

F. Completa el crucigrama

1. *Parte exterior del oído.*
2. *Para comer.*
3. *Hay cinco en cada mano.*
4. *Con ellas andamos.*
5. *Cubre la cabeza.*
6. *Entre la cabeza y los hombros.*
7. *Para oler.*

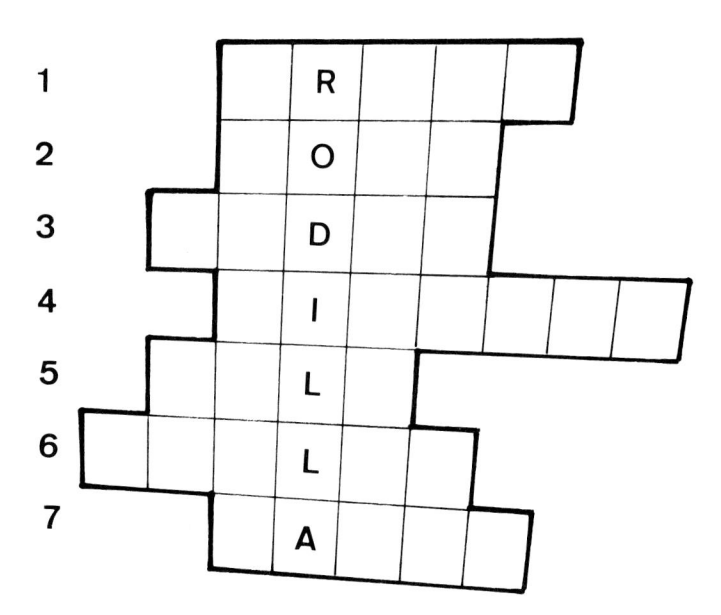

1 — R
2 — O
3 — D
4 — I
5 — L
6 — L
7 — A

G. Ordena correctamente estas definiciones:

Garganta
Pulmones
Corazón
Estómago

_____ *Parte del cuerpo que sirve para digerir.*
_____ *Parte del cuerpo que sirve para respirar.*
_____ *Parte del cuerpo que sirve para hablar.*
_____ *Parte del cuerpo que sirve para hacer circular la sangre.*

U.3.1 LA CASA

1	edificio	building	10	alquilar	to rent
2	ático	attic/top flat	11	ascensor	lift
3	terraza	balcony	12	lámpara	lamp
4	antena	antenna/aerial	13	bombilla	bulb
5	calefacción	heating	14	escalera	stairs
6	apartamento/piso	apartment/floor	15	portero	porter/janitor
7	ventana	window	16	puerta	door
8	balcón	balcony	17	vender	to sell
9	teléfono	telephone	18	garaje	garage

U.3.2 LA VIVIENDA

1	almohada	*pillow*	10	ducha	*shower*	19	nevera	*refrigerator*
2	sábana	*sheet*	11	grifo	*tap*	20	silla	*chair*
3	manta	*blanket*	12	baño	*bath*	21	cocina	*kitchen*
4	cama	*bed*	13	lavabo	*washbasin*	22	enchufe	*plug*
5	colchón	*mattress*	14	agua fría	*cold water*	23	comedor	*dining-room*
6	armario	*wardrobe*	15	agua caliente	*hot water*	24	mesa	*table*
7	dormitorio	*bedroom*	16	cuarto de baño	*bathroom*	25	sala de estar	*living room*
8	toalla	*towel*	17	fregadero	*sink*	26	televisión	*television set*
9	aseo	*toilet*	18	horno	*oven*	27	sofá	*sofa*

U.3. LA CASA. LA VIVIENDA

A. Escribe nombres de objetos que puedas encontrar en:

El dormitorio
La sala de estar
La cocina
El cuarto de baño

B. Completa las frases:

Comemos en _____
Dormimos en _____
Nos lavamos en _____
Cocinamos en _____
Guardamos el coche en _____

C. Une las palabras de las dos columnas:

sábana	*televisión*
mesa	*lavabo*
grifo	*lámpara*
portera	*silla*
balcón	*horno*
bombilla	*manta*
antena	*portería*
nevera	*terraza*

D. Ordena estas definiciones:

Vender
Alquilar
Colchón
Bombilla
Ático

_____ Último piso de un edificio.
_____ Dar algo a otro por un precio.
_____ Dejar algo a otro por un precio.
_____ Sobre él se duerme bien.
_____ Si se enciende, se ven mejor las cosas.

E. Completa las frases:

1. ¡Qué calor!, vamos fuera, al b
2. El a   no funciona, sube andando.
3. Ven a la t   a tomar el café.
4. En el último piso, en el á   viven dos hermanas.
5. Este p   es muy grande, vivimos en él ocho personas cómodamente.
6. No podemos ver la TV porque la a   no funciona.
7. Mi número de t   es el 344562.
8. ¡Qué frío!, ¿no tenéis c   ?
9. ¿Has metido el coche en el g   ?
10. El p   de mi edificio es gallego.

F. Tacha la palabra que no pertenezca al grupo.

1. Apartamento, piso, antena, ático.
2. Grifo, ducha, horno, lavabo.
3. Cocina, nevera, toalla, fregadero.
4. Sábana, almohada, portero, manta.

U.4.1 MAR Y MONTAÑA

1	paisaje	*landscape*	9	castillo	*castle*	17	cabo	*cape*
2	ciudad	*town*	10	monte	*mount*	18	campo	*country*
3	montaña	*mountain*	11	valle	*valley*	19	río	*river*
4	cordillera	*range*	12	costa	*coast*	20	tierra	*land*
5	pico	*peak*	13	golfo	*gulf*	21	mar	*sea*
6	ladera	*slope*	14	colina	*hill*	22	playa	*beach*
7	llano	*plain*	15	bosque	*wood*	23	isla	*island*
8	industria	*industry*	16	lago	*lake*	24	rocas	*rocks*

U.4.2 EL CAMPO

1	aldea	hamlet	9	gato	cat	17	burro	donkey
2	oveja	sheep	10	rama	branch	18	carro	cart
3	pueblo	village	11	flores	flowers	19	gallina	hen
4	caballo	horse	12	tronco	trunk	20	gallo	cock
5	tierra de labranza	farmland	13	perro	dog	21	mosca	fly
6	vaca	cow	14	toro	bull	22	hoja	leaf
7	pájaro	bird	15	hierba	grass	23	mosquito	mosquito
8	árbol	tree	16	cerdo	pig	24	planta	plant

U.4. MAR, MONTAÑA Y CAMPO

A. ¿Verdadero o falso?

1. Las vacas comen hierba.
2. Las aldeas son grandes y los pueblos, pequeños.
3. Los pájaros viven en los árboles.
4. Las flores nacen en los troncos.
5. Las gallinas viven en el agua.

B. Completa con nombres de animales

1. C
2. A
3. B
4. A
5. L
6. L
7. O

C. Forma parejas con estas palabras:

Gallina, flor, monte, tierra, vaca, aldea, agua, pueblo, toro, gallo, valle, rama.

D. Haz una frase con cada una de estas palabras:

Cabo _____
Golfo _____
Costa _____
Isla _____
Playa _____

E. Tacha, en cada serie, la palabra que no corresponde:

1. Mosca, vaca, oveja, toro.
2. Burro, caballo, cerdo, gallina.
3. Hierba, tierra, árbol, flor.
4. Monte, colina, cordillera, mar.
5. Pueblo, industria, ciudad, aldea.

F. Completa el cuadro con palabras que comiencen por **A, B, C...**

	A	B	C	D	...
nombres propios			Carlos		
países	Alemania				
ciudades		Badajoz			
animales			Caballo		
objetos				Diccionario	

G. Ordena estas frases, empezando siempre por la palabra que comienza con mayúscula:

1. hay costa un la En golfo gran.
   _____

2. la de monte castillo ese En ve se ladera un.
   _____

3. la bosque hay En isla pequeño un.
   _____

4. colina se el Desde mar ve esa.
   _____

5. del Al río hay monte pie un.
   _____

U.5.1 COMIDAS Y BEBIDAS (I)

1	horario	*timetable*	7	jarra	*pitcher*	17	tortilla	*omelette*
	desayuno	*breakfast*	8	cerveza	*beer*	18	agua	*water*
	almuerzo	*lunch*	9	naranjada	*orange juice*	19	patatas fritas	*chips/French fries*
	merienda	*afternoon snack*	10	sangría	*«sangria»*	20	vaso	*glass*
	cena	*dinner/supper*	11	taza	*cup*	21	aceituna	*olive*
2	terraza	*terrace*	12	vino	*wine*	22	vinagre	*vinegar*
3	camarero	*waiter*	13	trozo	*piece*	23	sal	*salt*
4	queso	*cheese*	14	rebanada	*slice*	24	aceite	*oil*
5	tapa	*appetizer*	15	pan	*bread*	25	pimienta	*pepper*
6	barra	*bar*	16	huevos	*eggs*	26	servilleta	*napkin*

U.5.2 COMIDAS Y BEBIDAS (II)

~ MENU ~

Primer plato
- sopa
- paella
- gazpacho

Segundo plato
- carne – patatas
- pescado – ensalada

Postre
- helado
- fruta
- dulces

1	leche	*milk*	11	churros	*«churros»*	menú	*menu*
2	té	*tea*	12	mesa de desayuno	*breakfast table*	segundo plato	*second course*
3	bollo	*[bread] roll*	13	dulce	*sweet*	carne	*meat*
4	zumo de frutas	*fruit juice*	14	salado	*salted*	patatas	*potatoes/chips*
5	azúcar	*sugar*	15	frío	*cold*	pescado	*fish*
6	tostada	*toast*	16	caliente	*hot*	ensalada	*salad*
7	miel	*honey*		primer plato	*first course*	postre	*dessert*
8	café	*coffee*		sopa	*soup*	helado	*ice cream*
9	mantequilla	*butter*		paella	*«paella»*	fruta	*fruit*
10	mermelada	*jam*		gazpacho	*«gazpacho»*	tarta	*cake*

U.5. COMIDAS Y BEBIDAS

A. Ordena estas palabras por familias:

taza   agua   vaso
patatas fritas   copa   sangría
jarra   tortilla   jamón
queso   cerveza   aceitunas

bebidas	tapas	recipientes

B. Escoge tu desayuno preferido:

	sí	no		sí	no		sí	no
café			leche			tostadas		
té			miel			mantequilla		
chocolate			bollos			mermelada		
zumo			churros			pan		

C. Descubre qué palabras son y para qué se usan:

1. *garniVe*

2. *lSa*

3. *ietAce*

4. *mtPiniea*

D. ¿Cuál es el horario de comidas en tu país?

Desayuno
Comida
Merienda
Cena

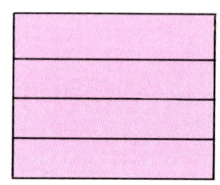

E. Ordena, según tu gusto, estas comidas:

Pollo asado
Patatas cocidas
Sopa de cebolla
Cocido madrileño
Huevos fritos

Calamares en su tinta
Gazpacho
Lentejas
Paella
Fabada asturiana

No me gusta	Me gusta un poco	Me gusta mucho

F. ¿Verdadero o falso?

1. La cerveza es dulce.
2. El vino se bebe caliente.
3. Las aceitunas son saladas.
4. La sangría hay que beberla muy fría.
5. Los churros fríos están buenos.

G. Adivina de qué se trata:

1. Cuando lo tomo por la noche, no duermo:
   _____

2. Si la dejas al sol, se derrite:
   _____

3. Al día siguiente me duele la cabeza si bebo mucho:
   _____

4. Te hace llorar cuando la cortas:
   _____

5. Con el aceite y la sal, se usa en la ensalada:
   _____

U.6.1 LA COMPRA

1	mercado	*market*				18	ajos	*garlic*
2	carnicería	*butcher's*	10	chorizo	*hard pork sausage*	19	patatas	*potatoes*
3	pollo	*chicken*	11	kilo	*kilo*	20	naranjas	*oranges*
4	ternera	*veal*	12	jamón	*ham*	21	cebollas	*onions*
5	cordero	*mutton*	13	salchichón	*sausage*	22	manzanas	*apples*
6	cerdo	*pork*	14	litro	*litre*	23	balanza	*scales*
7	verduras	*vegetables*	15	lechuga	*lettuce*	24	peras	*pears*
8	frutas	*fruits*	16	tomates	*tomatoes*	25	uvas	*grapes*
9	embutidos	*sausages/salami*	17	plátanos	*bananas*	26	pimientos	*peppers*

U.6.2 ALMACENES

1	estanco	tobacconist's	10	faldas	skirts
2	mechero/encendedor	lighter	11	pantalones	trousers
3	pipa	pipe	12	chaquetas	jackets
4	tabaco de pipa	pipe tobacco	13	blusas	blouses
5	cerillas	matches	14	camisas	shirts
6	grandes almacenes	stores	15	trajes	suits
7	rebajas	sales	16	vestidos	dresses
8	zapatos	shoes	17	ropa interior	underwear
9	abrigos	coats	18	calcetines	socks
			19	medias	tights/stocking
20	paraguas	umbrella			
21	billete	note			
22	moneda	coin			
23	monedero	purse			
24	cartera	wallet			
25	tarjeta de crédito	credit card			
26	bolso	bag			
27	relojes	watches			
28	precio	price			

27

U.6. LA COMPRA. ALMACENES

A. Enumera artículos que puedas comprar en cada una de estas tiendas:

Tienda de embutidos
Estanco
Carnicería
Frutería

B. Estas prendas se colocan por encima o por debajo de la cintura:

camisa   medias
pantalones   calcetines
zapatos   blusa
falda   corbata

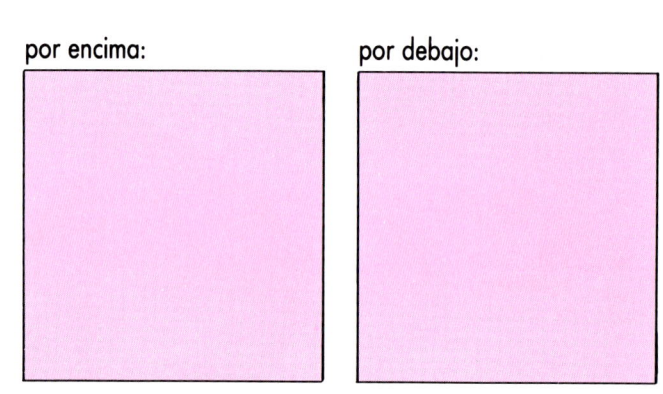

por encima:

por debajo:

C. ¿Dónde puedes comprar los ingredientes necesarios para hacer un gazpacho?

tomate   vinagre
pepino   ajo
aceite   sal
pimiento   pan

verdulería/frutería _____
panadería _____
tienda de ultramarinos _____
pescadería _____
carnicería _____
lechería _____

D. Ayudándote de un diccionario, completa la receta de calamares en su tinta

Ingredientes:

1 kilo de calamares, limpios y cortados en trozos.
3/4 de kilo de cebolla cortada muy fina.
2 dientes de ajo machacados con sal y perejil.
1 vaso de vino blanco.
Tinta de calamares.

Mezclar bien el _____ blanco, los _____ machacados y el perejil, con la tinta. Poner en una olla la mezcla con los _____ y la _____, cubrir con agua y dejar cocer a fuego lento hasta que la _____ esté deshecha. Servir con arroz blanco.

E. Vas al mercado con 1.500 pesetas. ¿Cuánto puedes comprar de cada una de estas cosas?

Queso	Tomates	Carne	Leche
950/Kg.	120/Kg.	1.200/Kg.	90/litro

F. Te han robado el bolso/billetero. Haz una lista con todo lo que llevabas en él: *llaves, carnet de identidad...*

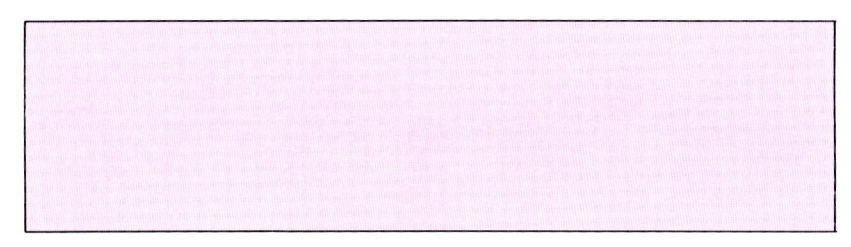

G. Ordena estas definiciones:

Balanza
Recipiente
Mechero
Reloj

_____ *Pequeño instrumento para encender fuego.*
_____ *Máquinas que sirven para medir el tiempo.*
_____ *Donde puede ponerse algo.*
_____ *Sirve para pesar.*

U.7.1 PROFESIONES

1	peluquería	hairdresser's	12	panadero	baker
2	peluquero	haidresser	13	quiosco	newsstand
3	tienda de tejidos	textile shop	14	vendedor de prensa	newsagent
4	dependiente	shop assistant	15	escritor (Cervantes)	writer
5	relojería	watchmaker's	16	científico (Ramón y Cajal)	scientist
6	relojero	watchmaker	17	pintor (Goya)	painter
7	zapatería	shoe shop	18	arquitecto (Gaudí)	architect
8	zapatero	shoemaker	19	cantante (P. Domingo)	singer
9	librería	bookshop	20	músico (M. de Falla)	musician
10	librera	bookseller	21	actriz (Nuria Espert)	actress
11	panadería	baker's	22	poeta (J. R. Jiménez)	poet

U.7.2 TRABAJO

1	fontanero	plumber	11	ministerio	ministry	
2	cocinero	cook	12	empresa	firm/company	
3	albañil	bricklayer	13	empresario	employer/manager	
4	carpintero	carpenter	14	empleado	employee/clerk	
5	cartero	postman	15	supermercado	supermarket	
6	electricista	electrician	16	cajera	cashier	
7	agricultor	farmer	17	mañana	morning	
8	camionero	lorry driver	18	mediodía	midday/noon	
9	abogado	lawyer	19	tarde	afternoon	
10	fábrica	factory	20	noche	night	
			21	semana	week	

lunes	Monday	
martes	Tuesday	
miércoles	Wednesday	
jueves	Thursday	
viernes	Friday	
sábado	Saturday	
domingo	Sunday	
22 días laborables	working days	
23 fin de semana	weekend	
24 día festivo	holiday	

U.7. PROFESIONES

A. ¿Cuáles de estas profesiones se desempeñan en el interior y cuáles en el exterior?

cartero   carpintero
fontanero   dependienta
camionero   zapatero
abogado   pintora

B. Escribe, junto a cada nombre, su profesión:

Severo Ochoa. _____
Sorolla. _____
Francisco de Quevedo. _____
Manuel de Falla. _____
Montserrat Caballé. _____

C. ¿Con qué profesiones relacionas los siguientes objetos?

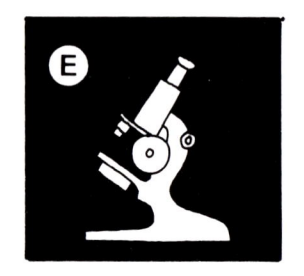

A _____
B _____
C _____
D _____
E _____
F _____
G _____
H _____

D. Agrupa estas profesiones según su horario:

camarero
cartera
peluquero
cajera
empleado de banco
cantante
acomodadora
científico
vendedor de periódicos
profesora

mañana	tarde	noche

E. ¿Dónde trabajan? Completa el cuadro.

Los abogados trabajan en los juzgados.
Los carteros _____
Los agricultores _____
Los dependientes _____
Los cocineros _____
Los panaderos _____

F. Completa el casillero con las profesiones que se describen:

1. Reparte el correo.
2. Repara aparatos eléctricos.
3. Conduce camiones.
4. Arregla el pelo.
5. Ayuda a vender.
6. Trabaja la tierra.

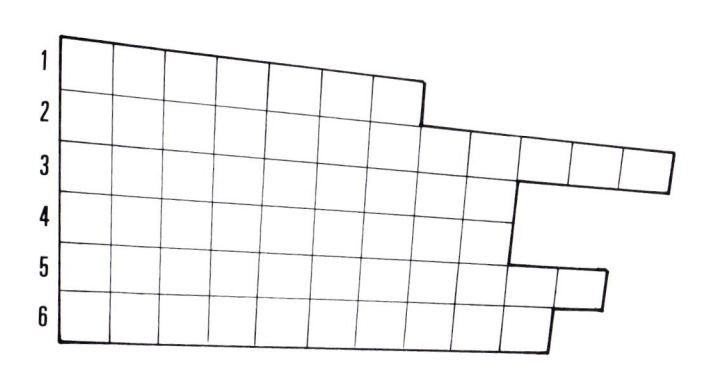

G. ¿Recuerdas algún otro nombre de la cultura española?

Pintor: _____
Cantante: _____
Escritor/a: _____
Actor/actriz: _____
Científico/a: _____

U.8.1 LA CIUDAD

1	plano ciudad	*street map*	9	fuente	*fountain*
2	iglesia	*church*	10	centro ciudad	*tow centre/downtown*
3	palacio	*palace*	11	catedral	*cathedral*
4	museo	*museum*	12	cruce	*cros/crossroads*
5	calle	*street*	13	puente	*bridge*
6	esquina	*corner*	14	parque	*park*
7	ayuntamiento	*Town Hall*	15	bocacalle	*side street*
8	plaza	*square*	16	afueras	*outskirts*

34

U.8.2 SITUACIÓN Y DIRECCIONES

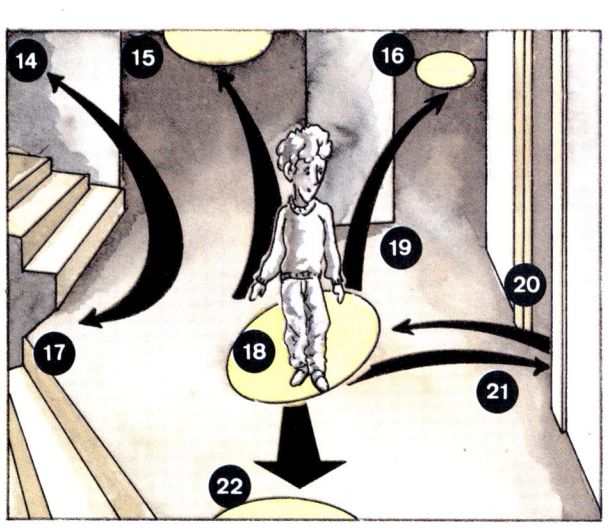

1	lejos	*far*					
2	todo seguido	*right ahead*	10	enfrente de	*opposite*	18	aquí	*here*
3	acera	*pavement*	11	al lado de	*next to*	19	principio	*beginning*
4	doblar a la izquierda	*turn to the left*	12	cerca	*near*	20	salir	*to go out*
5	cruzar	*cross*	13	próximo	*close*	21	entrar	*to come in*
6	junto a	*by/close to*	14	arriba	*up*	22	venir	*to come*
7	doblar a la derecha	*turn to the right*	15	allí	*there*	23	plano/mapa	*map*
8	delante de	*in front of*	16	final	*end*	24	región	*region*
9	volver la esquina	*to turn the corner*	17	abajo	*down*	25	carretera	*road*
						26	camino	*path/lane*

U.8. LA CIUDAD. SITUACIÓN Y DIRECCIONES

A. Completa las frases con la palabra adecuada.

1. *Ese sitio está muy l   , no puedes ir andando.*
2. *Cierra la puerta con llave al s   de casa.*
3. *No cojas el coche, está muy c   ; podemos ir andando.*
4. *No podemos e   : nos hemos olvidado las llaves.*
5. *Le vi muy bien, pasó j   a mí.*

B. Ordena estas palabras por familias:

carretera   palacio   aquí
catedral   ayuntamiento   calle
camino   sendero   junto a
museo   lejos   próximo

edificios	adverbios	caminos

C. Empareja los contrarios:

cerca   allí   ir   arriba
*   entrar   lejos   final   venir*
abajo   principio   aquí   salir

D. Con esta descripción, completa el plano del pueblo:

El pueblo no es muy grande. La calle Mayor va desde el Ayuntamiento hasta la estación. En esa misma dirección, por la izquierda, salen tres bocacalles. La primera termina en la iglesia y en la tercera está la escuela. Por la derecha salen dos calles: al principio de la segunda hay un parque y junto a éste, se encuentra el palacio.

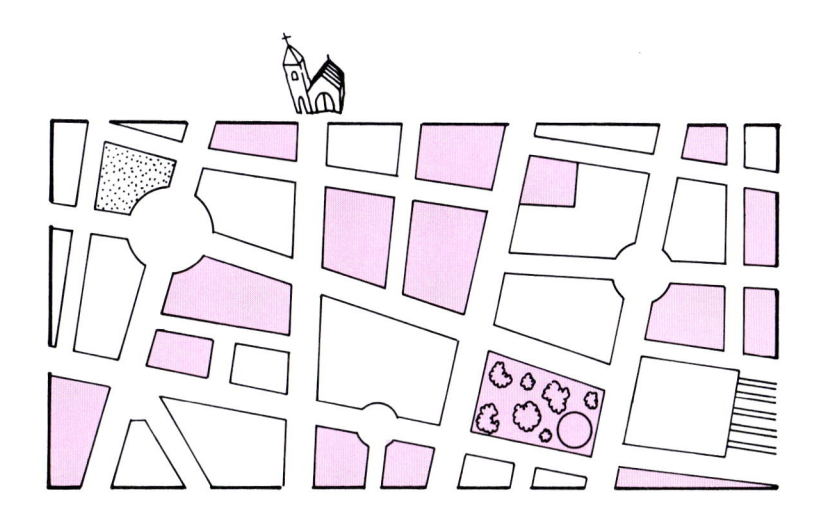

E. Une las palabras de las dos columnas:

aquí	*doblar a la derecha*
arriba	*afueras*
plaza	*allí*
centro ciudad	*abajo*
doblar a la izquierda	*fuente*
final	*principio*

F. Ordena estas definiciones:

Museo
Esquina
Iglesia
Camino

_____ *Donde se unen dos paredes.*
_____ *Para ir de un sitio a otro.*
_____ *Donde se va a rezar.*
_____ *Donde se exponen objetos interesantes.*

U.9.1 VIDA URBANA (I)

1	aparcamiento	parking	15 peatón	pedestrian
2	banco	bank	16 calzada	road/ roadway
3	bomberos	firemen	17 agente	policeman
4	escaparate	shop window	18 calle	street
5	correos	post office	19 farola	lamppost
6	parada de autobús	bus stop	20 parada de taxi	cab rank
7	autobús	bus	21 taxi	taxi/cab
8	semáforo	traffic lights	22 libre	free
9	café	café	23 ocupado	occupied
10	zona azul	meter zone	24 parque	park
11	comisaría	police station	25 obras	works
12	boca de metro	tube entrance	26 grúa	crane
13	cabina de teléfonos	[telephone] booth	27 policía	policeman
14	paso de peatones	pedestrian crossing	28 multa	fine

U.9.2 VIDA URBANA (II)

1	ventanilla	window		
2	caja	cashbox		
3	cambio	change		
4	cajero automático	cash dispenser		
5	tarjeta	card		
6	talón	check		
7	número de cuenta	account number		
8	firma	signature		
9	teléfono público	public telephone		
10	disco	dial		
11	auricular	receiver		
12	guía telefónica	directory		
13	urgente	urgent		
14	paquete	parcel		
15	certificado	registered		
16	sello	stamp		
17	sobre	envelope		
18	extranjero	abroad		
19	Madrid y provincias	Madrid and provinces		
20	horario de recogida	collection time		
21	buzón	letterbox		
22	remite	sender		
23	tarjeta postal	postcard		
24	dirección	address		

U.9. VIDA URBANA

A. Completa las frases:

1. El s_____ está rojo; tenemos que esperar.
2. Las f_____ iluminan las calles.
3. El agente está poniendo una m_____
4. Delante de la comisaría siempre hay un p_____
5. Los peatones deben ir por las a_____
6. Las calzadas se cruzan por los p_____ de p_____
7. Esa cafetería no tiene t_____; vamos a otra.
8. La g_____ se está llevando ese coche, el que está sobre la acera.
9. En la parada hay dos t_____ libres.
10. Hay una c_____ de teléfonos a la vuelta de la esquina.

B. Contesta estas preguntas:

1. ¿Qué usas en un cajero automático?
2. ¿Qué se echa a los buzones?
3. ¿Para qué se utilizan las cabinas de teléfonos?
4. ¿Dónde se espera el autobús?
5. ¿Dónde se ponen los sellos?

C. ¿Qué profesiones relacionas con estos dibujos?

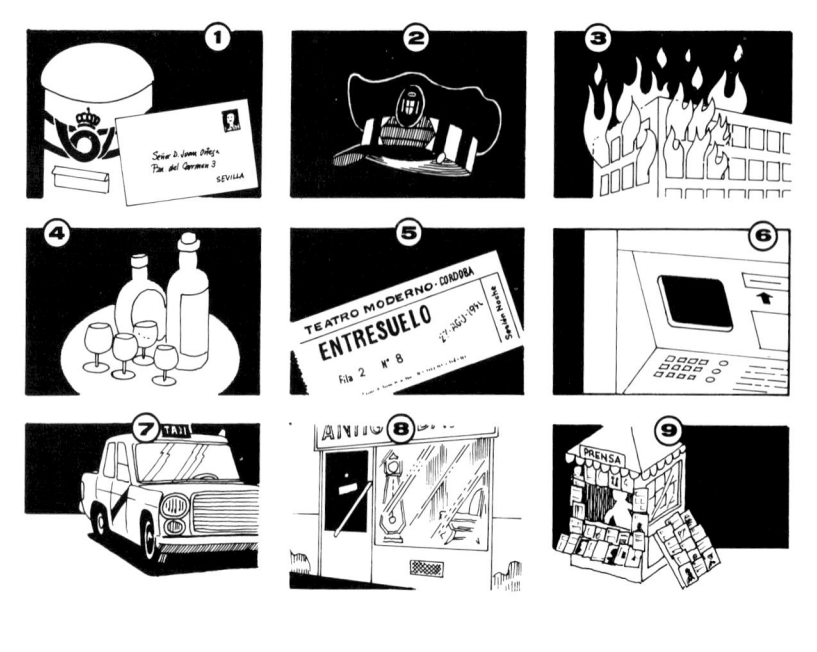

1.
2.
3.
4.
5.
6.
7.
8.
9.

D. Ordena las definiciones:

Semáforo
Auricular
Calzada
Grúa

_____ Parte del teléfono que se acerca al oído.
_____ Parte de la calle entre las dos aceras.
_____ Maquinaria que levanta pesos y los lleva de un lado a otro.
_____ Aparato luminoso que regula la circulación.

E. ¿De qué palabras se trata?

1. oacOupd   4. aCja
2. barO   5. ouBzn
3. elCal   6. rfmSeaoo

1. _____   4. _____
2. _____   5. _____
3. _____   6. _____

F. Completa el crucigrama

1. Donde se puede uno sentar a tomar algo en el exterior.
2. Dirige el tráfico.
3. De un país que no es el propio.
4. Se pone al final de un escrito.

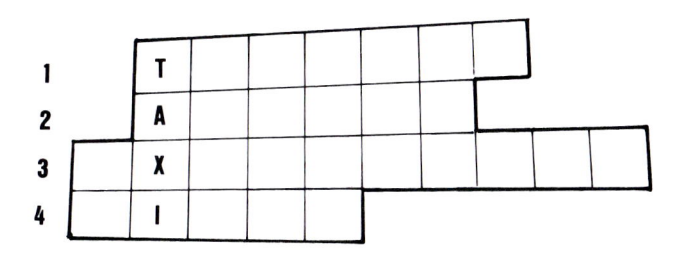

1. _ T _ _ _ _ _ _
2. _ A _ _ _ _
3. _ X _ _ _ _ _ _ _
4. _ I _ _ _ _

G. Une las palabras de las dos columnas:

grúa   cafetería
semáforo   multa
terraza   paso de cebra
sello   tarjeta postal
acera   policía
comisaría   calzada

41

U.10.1 VIDA SOCIAL (I)

1	familia	*family*	12	tíos (tío/tía)	*uncle/aunt*
2	novios	*engaged [couple]*	13	primos	*cousins*
3	compañeros	*colleagues*	14	cuñados (cuñado/a)	*brothers/sisters-in-law*
4	divorciados	*divorced*	15	sobrinos (sobrino/a)	*nephew/niece*
5	vecinos	*neighbours*	16	matrimonio	*marriage, couple*
6	amigos	*friends*	17	quedar con alguien	*to date someone*
7	suegros	*parents-in-law*	18	tener una cita	*to have an appointment*
8	padres	*parents*	19	salir con alguien	*to be going out*
9	abuelos	*grandparents*	20	recoger a alguien	*to pick someone up*
10	hijos	*children*	21	acompañar	*to go with*
11	nietos	*grandchildren*			

U.10.2 VIDA SOCIAL (II)

1	fiesta		*party*
2	conversar		*to discuss*
3	contento		*glad*
4	charlar		*to chat*
5	presentar		*to introduce*
6	triste		*sad*
7	anfitrión		*host*
8	despedirse		*to say goodbye*
9	decir adiós		*to say goodbye*
10	dar la mano		*to shake hands*
11	saludar		*to welcome/to greet*
12	agradecer		*to thank*
13	regalo		*gift*
14	decir hola		*to say hello*
15	llorar		*to cry*
16	reír		*to laugh*
17	divertirse		*to enjoy/amuse oneself*
18	aburrirse		*to be bored*

43

U.10. VIDA SOCIAL

A. Completa este texto:

Ayer fue el cumpleaños de María. Dio una f_____ en su casa e invitó a todos sus amigos. Llegamos a las 8 y ya había más de 30 p_____. Nuestro r_____ fue un libro que le gustó mucho. No nos a_____, aunque no conocíamos a nadie. María nos presentó a sus a_____ y estuvimos ch_____ hasta muy tarde; nos d_____ mucho. No cenamos, pero había muchas cosas para c_____ y b_____

B. Dibuja el árbol genealógico de tu familia. Junto a cada nombre escribe cuál es su relación contigo.

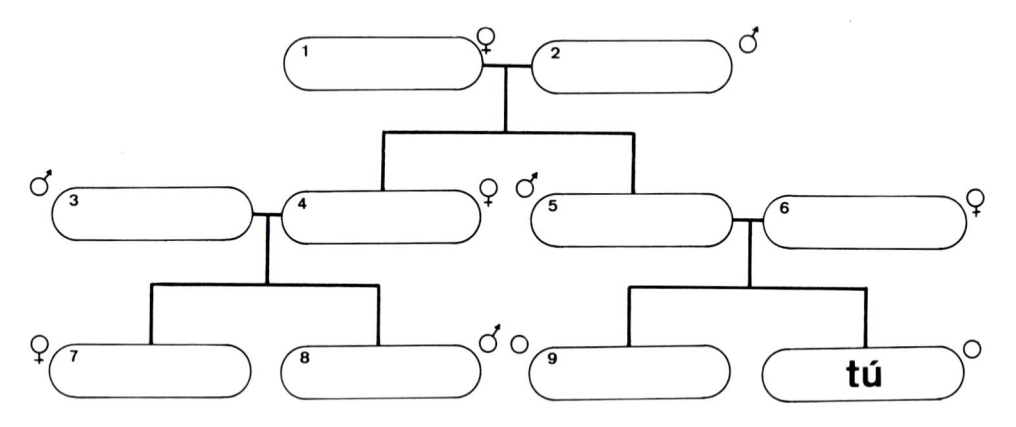

C. De estas situaciones, señala cuál te hace reír, llorar, ser feliz, estar triste...

los viernes
escuchar música
los lunes
estar solo
bailar

leer
estar con amigos
las despedidas
que te regalen algo
tu cumpleaños

D. Completa estas frases:

1. Me llevo muy bien con
2. Soy amigo de
3. _____ es mi novio.
4. La compañera que mejor me cae es
5. _____ es a quien más quiero de mi familia.

E. Forma frases con las dos columnas:

Me gusta	la música clásica
Me aburre	las películas de misterio
Me divierte	el teatro experimental
Odio	los vídeos domésticos
	las revistas del corazón
	los viajes a países exóticos
	la ciencia-ficción
	la cocina hindú
	viajar en avión
	los debates políticos

F. Rellena este casillero con nombres de relaciones familiares:

1. s _ _ _ _ _
2. o _
3. b _ _ _ _
4. r _ _
5. i _ _
6. n _ _ _
7. _ _ o

U.11.1 DESCRIPCIONES (I)

1	cuadrado	*square*	12	negro	*black*
2	redondo	*round*	13	claro	*clear/light*
3	ovalado	*oval*	14	oscuro	*dark*
4	triangular	*triangular*	15	plástico	*plastic*
5	amarillo	*yellow*	16	piedra	*stone*
6	naranja	*orange*	17	lana	*wool*
7	rojo	*red*	18	algodón	*cotton*
8	verde	*green*	19	cuero	*leather*
9	marrón	*brown*	20	seda	*silk*
10	azul	*blue*	21	metal	*metal*
11	gris	*grey*	22	madera	*wood*

U.11.2 DESCRIPCIONES (II)

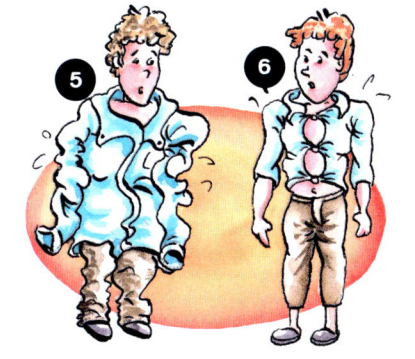

¡¡ RESULTADOS SORPRENDENTES EN SÓLO 15 DÍAS !!

1	fuerte	strong				16	bello	beautiful
2	débil	weak	9	grande	big	17	bonito	pretty, nice
3	duro	hard	10	nada	nothing	18	feo	ugly
4	blando	soft	11	poco	little	19	horrible	horrible
5	ancho	wide	12	algo	something	20	agradable	pleasant
6	estrecho	narrow	13	bastante	enough	21	desagradable	unpleasant/disagreeable
7	pequeño	little	14	muy	very	22	normal	normal
8	mediano	medium	15	demasiado	too much	23	raro	rare/strange

U.11. DESCRIPCIONES

A. Haz parejas con las palabras de significado opuesto:

ancho   *oscuro*
blando   *estrecho*
claro   *duro*
débil   *pequeño*
grande   *fuerte*

B. Dime de qué color es tu coche y te diré cómo eres.
Completa el cuadro y escoge el que más te guste.

Amarillo: *estimulante para la mente, alegra la vista.*
Rojo: *aumenta la tensión y el ritmo respiratorio.*
Azul: *frío, da serenidad y equilibra.*
Verde: *da seguridad, calma y reduce la tensión.*
Blanco: *elegante, delicado y refrescante.*
Negro:
Gris:

C. ¿Qué te parecen estas ciudades? Haz frases.

Londres: *es demasiado grande.*
Lisboa:
París:
Madrid:
Bilbao:
Sevilla:
Florencia:
Liverpool:

D. ¿De qué están hechos?

1. libros _____
2. discos _____
3. montes _____
4. llaves _____
5. pipas _____
6. paraguas _____
7. blusas _____
8. zapatos _____
9. pañuelos _____

E. Completa las frases con las palabras del recuadro.

> Bonito, desagradable, feos, agradable, horrible, bello

1. La catedral de Burgos es un _____ edificio gótico.
2. Nos enviaron un _____ ramo de flores.
3. Tengo la _____ sensación de que me están mirando.
4. Se está muy bien aquí, es una habitación muy _____
5. Es uno de los edificios más _____ que he visto nunca.
6. Es un _____ espectáculo de violencia y muerte.

F. ¿Qué adjetivos relacionas con...

un perro verde?
el algodón?
una montaña?
un bebé?
un balón?

G. Anota tres objetos de cada una de estas formas:

redondo	cuadrado	triangular	ovalado

U.12.1 TRANSPORTES

1	autopista	*motorway/highway*	9	gasolinera	*petrol station*	17	permiso de conducir	*driving licence*
2	camión	*lorry*	10	gasóleo	*diesel oil*	18	agente	*agent*
3	obras	*works*	11	autobús	*coach*	19	arcén	*border*
4	atención, peligro	*danger [ahead]*	12	ceda el paso	*«give way»*	20	carril	*track/lane*
5	autoestopista	*hitchhiker*	13	gasolina normal	*normal petrol*	21	coche	*car*
6	aire	*air*	14	aceite	*oil*	22	carretera	*road*
7	peaje	*toll*	15	motocicleta	*motorcycle*	23	no adelantar	*«no overtaking»*
8	barrera	*barrier*	16	límite de velocidad	*speed limit*	24	señal de tráfico	*traffic signal*

50

U.12.2 EL AUTOMÓVIL

1	cinturón de seguridad	*safety belt*	14	coche/automóvil	*car*
2	limpia-parabrisas	*windscreen wiper*	15	faro	*headlight*
3	volante	*steering wheel*	16	intermitente	*blinker/flashing light*
4	velocímetro	*speedometer*	17	retrovisor	*rearview mirror*
5	contacto	*contact*	18	puerta	*door*
6	llave	*key*	19	picaporte	*doorhandle*
7	asiento	*seat*	20	ventanilla	*window*
8	embrague	*clutch*	21	rueda	*wheel*
9	freno	*brake*	22	depósito	*tank*
10	acelerador	*accelerator*	23	rueda de repuesto	*spare wheel*
11	guantera	*glove compartment*	24	maletero	*boot*
12	palanca de cambio	*gear-lever*	25	neumático	*tyre*
13	freno de mano	*hand brake*			

51

U.12. TRANSPORTES. EL AUTOMÓVIL

A. Contesta a estas preguntas:

1. ¿Dónde se colocan los equipajes?
2. ¿Dónde se echa la gasolina?
3. ¿Qué luces encendemos si queremos torcer?
4. ¿Cómo paras el coche?
5. ¿Con qué dirigimos el coche?

B. Tacha, en cada grupo, la palabra que no corresponda:

1. surtidor, agente, gasolina, aceite.
2. arcén, volante, embrague, freno de mano.
3. carretera, carril, autopista, coche.
4. autobús, bicicleta, gasóleo, camión.

C. Rellena el casillero con palabras relacionadas con el transporte:

1. Control del pago por derecho de tránsito.
2. Carretera ancha, de sentidos separados.
3. Conjunto de los vehículos que circulan.
4. Estación de venta de combustible.
5. Reparaciones en la carretera.
6. Lugar donde se encuentran dos caminos.
7. Placa que avisa, manda o prohíbe algo.

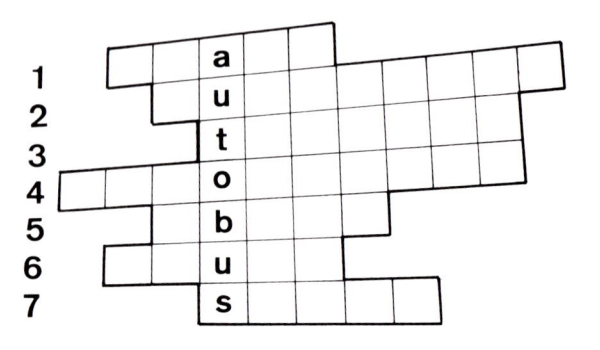

D. Ordena las acciones necesarias para poner un coche en marcha:

	Abro la puerta		Hago girar la llave
	Ajusto el espejo		Meto la marcha
	Quito el freno de mano		Pongo la llave en el contacto
	Pongo el pie en el acelerador		Piso el acelerador
	Me siento		Levanto el pie del embrague

E. Nombra cuatro tipos diferentes de vehículos.

_____
_____
_____
_____

F. Ordena estas definiciones:

Arcén
Acelerar
Freno
Peaje

_____ Pago de derecho de tránsito.
_____ Aparato que sirve para detener el movimiento.
_____ Espacio a los lados de la carretera.
_____ Dar más velocidad.

G. Une las palabras de las dos columnas:

acelerador   contacto
gasolina   arcén
carril   barrera
peaje   freno
llave   depósito

U.13.1 VIAJAR (I)

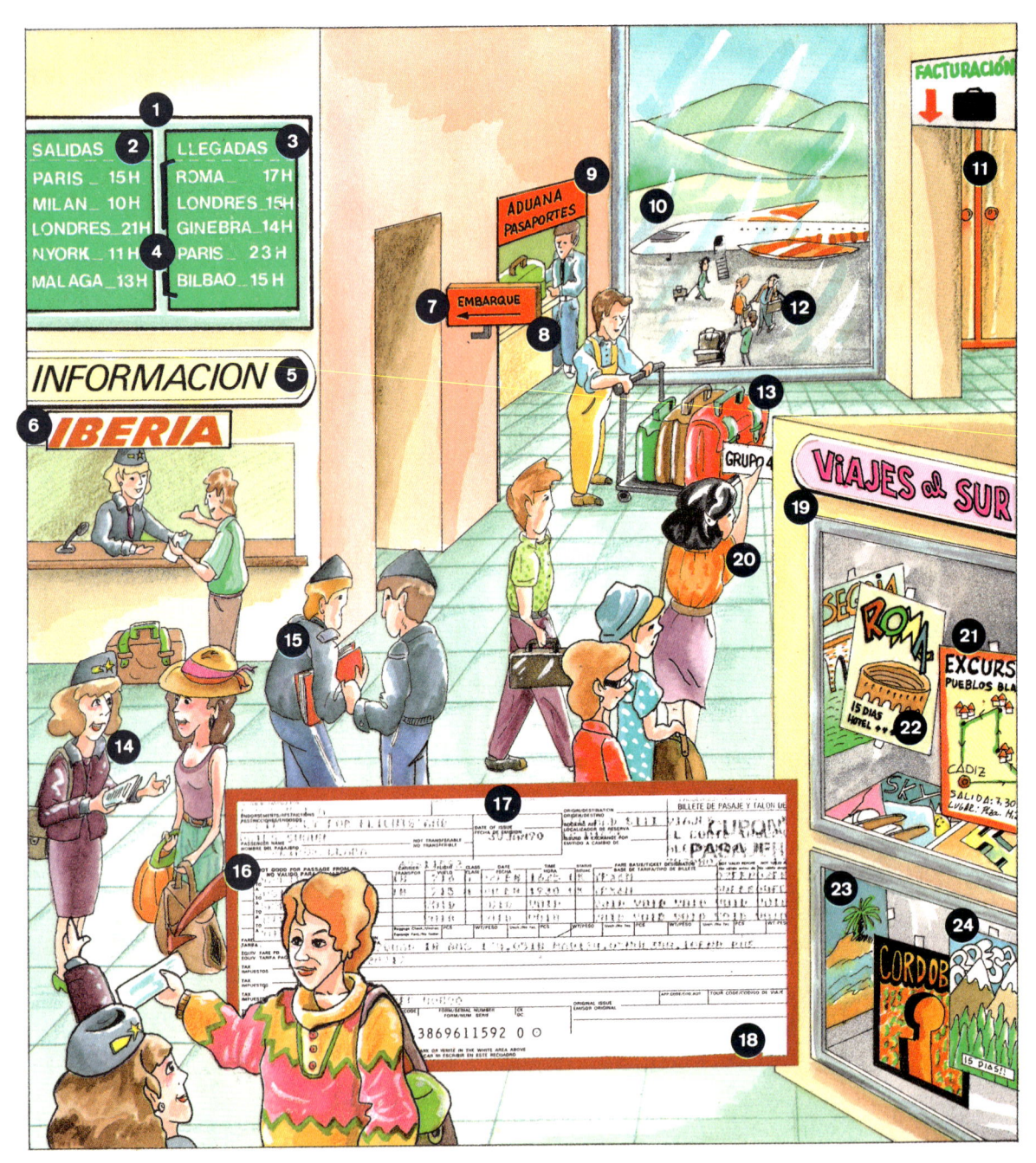

1	vuelo		flight
2	salida		departure
3	llegada		arrival
4	procedencia		from
5	información		information
6	líneas aéreas		airlines
7	puerta de embarque		boarding gate
8	aduana		customs
9	control de pasaportes		passport control
10	avión		aeroplane
11	facturación de equipajes		luggage registration
12	pasajero		passenger
13	maleta		suitcase
14	azafata		air-hostess, stewardess
15	piloto		pilot
16	destino		destination
17	fecha		date
18	billete		ticket
19	agencia de viajes		travel agency
20	guía		guide
21	lugar de interés		point of interest
22	vacaciones culturales		cultural holidays
23	vacaciones en el mar		sea holidays
24	vacaciones en la montaña		mountain holidays

U.13.2 VIAJAR (II)

1	tren	*train*	12	habitación sencilla	*single room*
2	coche cama	*sleeping wagon*	13	casillero	*pigeonholes*
3	viajero	*traveller*	14	llave	*key*
4	litera	*berth, bunk*	15	recepción	*reception [desk]*
5	revisor	*ticket inspector*	16	pensión	*boarding house*
6	andén	*platform*	17	residencia	*residence*
7	conductor	*driver*	18	puerto	*harbour*
8	vía	*rail*	19	barco	*boat/ship*
9	estación	*station*	20	cabina	*cabin*
10	hotel	*hotel*	21	cubierta	*deck*
11	habitación doble	*double room*	22	muelle	*wharf/docks*

U.13. VIAJAR

A. Con ayuda de un diccionario, completa este cuadro:

tren	barco	avión
andén		
		aterrizar
salida		
	capitán	
trayecto		

B. Vas a coger un avión. Explica lo que haces, usando estas palabras:

aduana
puerta de embarque
información
facturación de equipajes

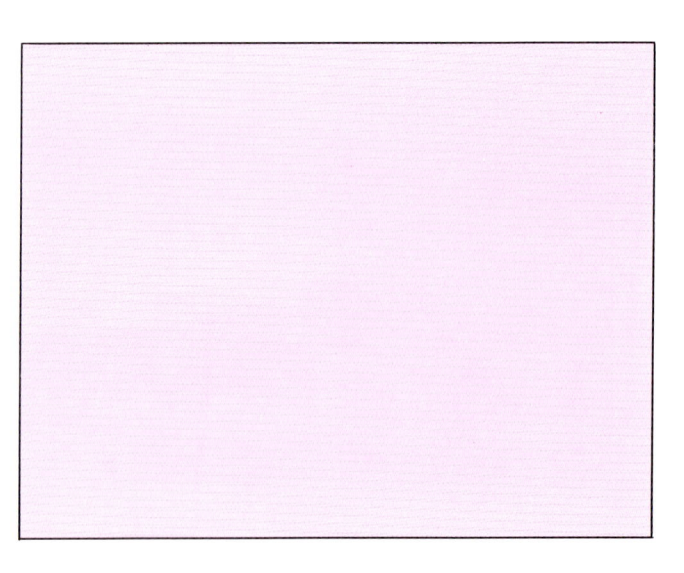

C. Tacha, en cada grupo, la palabra que no pertenezca a él:

1. *Destino, recepción, casillero, llave.*
2. *Coche-cama, revisor, andén, piloto.*
3. *Línea aérea, vía, vuelo, azafata.*
4. *Cubierta, conductor, muelle, barco.*

D. ¿A qué tipo de vacaciones corresponde cada dibujo?

1. _____ 2. _____ 3. _____

E. Une cada tipo de transporte con uno de los adjetivos:

tren	*caro*
avión	*peligroso*
barco	*rápido*
coche	*divertido*
autobús	*cansado*
taxi	*práctico*
metro	*interesante*
motocicleta	*agradable*

F. Completa este crucigrama:

1. *Navega por el agua.*
2. *Vuela por el aire.*
3. *Conduce el número 2.*
4. *Sirve para abrir las puertas.*
5. *Lugar donde atracan los barcos.*
6. *Se mueve por la vía.*
7. *Controla los billetes.*

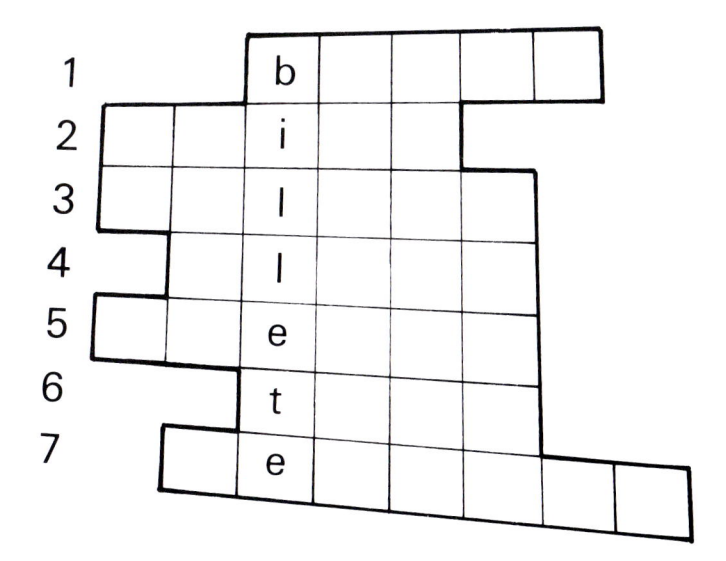

U.14.1   ESPECTÁCULOS

1	actriz	actress	12	acomodador	usher
2	actor	actor	13	programa	programme
3	decorado	scenery/set	14	película	picture/film
4	escenario	stage	15	taquilla	box office
5	palco	box	16	cine	cinema
6	pianista	pianist	17	próximo estreno	release soon
7	director	conductor	18	cola	queue
8	violinista	violinist	19	obra	play
9	orquesta	orchestra	20	función	performance
10	butaca	seat	21	teatro	theatre
11	fila	row	22	cartelera	billboard

U.14.2 TIEMPO LIBRE

1	discoteca	*discothèque*	8	tomar copas	*to have a drink*	
2	altavoz	*loudspeaker*	9	tomar el aperitivo	*to have an aperitif*	
3	batería	*drums*	10	jugar al bingo	*to play bingo*
4	cantante	*singer*	11	jugar a las cartas	*to play cards*
5	micrófono	*microphone*	12	camarero	*waiter*
6	guitarra	*guitar*	13	cubiertos	*cutlery*
7	bailar	*to dance*	14	cuchillo	*knife*
			15	plato	*dish*
			16	cuchara	*spoon*
17	copa	*glass*
18	mantel	*tablecloth*
19	tenedor	*fork*
20	servilleta	*napkin*
21	propina	*tip*
22	cuenta	*bill*
23	mesa reservada	*booked table*

U.14. TIEMPO LIBRE

A. Vas al cine con un amigo. Ordena las acciones siguientes:

☐ Compras las entradas.
☐ Esperas a que llegue tu amigo.
☐ Haces cola ante la taquilla.
☐ Buscas una película en la cartelera de espectáculos.
☐ Llamas a tu amigo para ir al cine.
☐ Quedas con él.
☐ Dais las entradas al acomodador.

B. Ordena en tres columnas estas palabras:

obra   piano   micrófono
batería   actor   pantalla
director   taquilla   cantante
escenario   butaca   acomodador

teatro	cine	discoteca

C. Escribe cosas que puedes encontrar sobre la mesa de un restaurante.

D. Hoy es sábado y tienes que hacer una serie de cosas.
Anótalas en tu agenda, a la hora adecuada.

Ir a jugar al bingo
Jugar al tenis
Jugar a las cartas
Ir al banco a por dinero
Tomar el aperitivo
Ir a cenar con unos amigos
Ir a bailar a una discoteca
Sacar un libro de la biblioteca

9 San Pedro Claver	**sábado**
8	
9	
10	
11	
12	
1	
3	

E. Une las palabras de las dos columnas:

pista   teatro
propina   mesa
cubiertos   bailar
fila   cuenta
sala   butaca

F. Completa este texto:

*La p   de Alfred Hitchcock es una de las
o   más interesantes que pueden verse hoy en
p   . El d   ha realizado una magnífica
labor con los a   . Tanto la interpretación como el
guión y la fotografía, son excelentes.*

U.15.1 LA SALUD

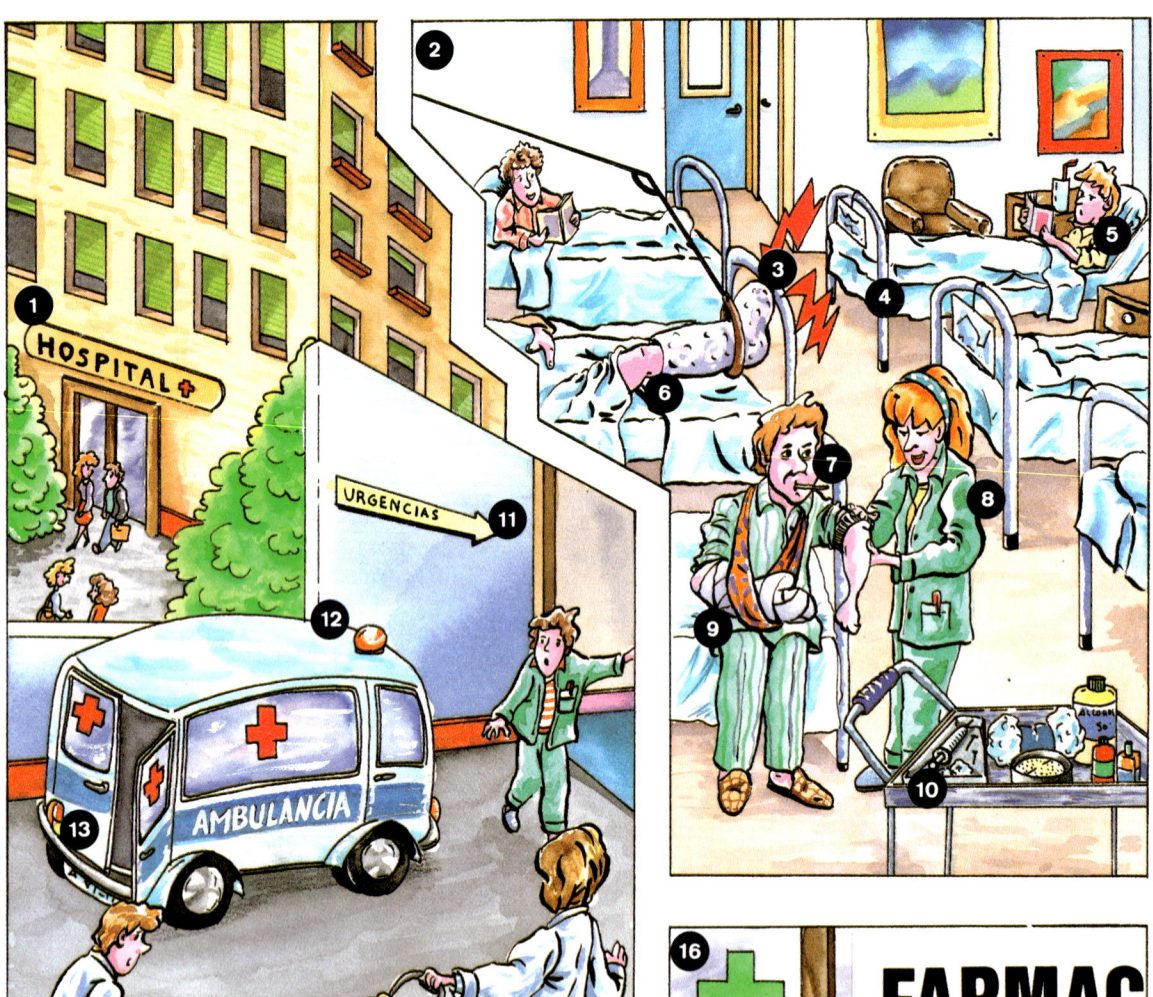

1	hospital	*hospital*	11	urgencias	*emergency*
2	sala	*ward*	12	sirena	*siren, alarm*
3	dolor	*pain*	13	ambulancia	*ambulance*
4	cama	*bed*	14	herido	*injured*
5	enfermo	*ill*	15	camilla	*stretcher*
6	escayola	*plaster*	16	farmacia	*pharmacy*
7	termómetro	*thermometer*	17	medicina	*medicine*
8	enfermera	*nurse*	18	jarabe	*syrup*
9	venda	*bandage*	19	pastillas	*tablets*
10	inyección	*injection*	20	píldoras	*pills*

U.15.2 LA HIGIENE

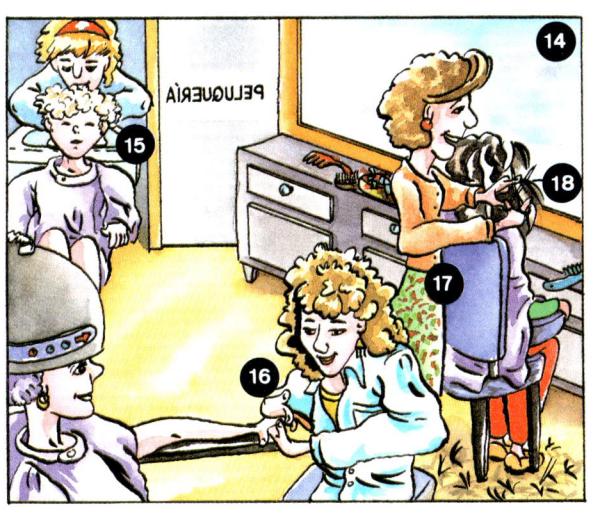

1	vestuarios		changing room
2	espejo		mirror
3	ducharse		to have a shower
4	afeitarse		to shave
5	lavarse los dientes		to brush one's teeth
6	cepillo de dientes		toothbrush
7	toalla		towel
8	pasta dentífrica		toothpaste
9	lavarse		to wash oneself
10	jabón		soap
11	esponja		sponge
12	vestirse		to dress oneself
13	desnudarse/desvestirse		to get undressed
14	peluquería		hairdresser's
15	lavar el pelo		to wash one's hair
16	manicura		manicure
17	cortar el pelo		to have one's hair cut
18	tijeras		scissors
19	planchar		to iron
20	lavandería		laundry
21	tintorería		dry cleaning
22	ropa limpia		clean clothes
23	ropa sucia		dirty clothes
24	plancha		iron

U.15. SALUD E HIGIENE

A. Completa estas frases:

1. Al llegar al hospital le pusieron en una c_____ y entró por la puerta de u_____
2. Tuve un accidente y me llevaron al h_____ en a_____
3. Oigo la s_____ de una ambulancia: llega otro e_____
4. La e_____ está poniendo una i_____ al enfermo.
5. El médico le ha dado una p_____ para quitarle el d_____

B. Une las palabras de las dos columnas:

fractura	jarabe
medicina	termómetro
temperatura	escayola
sirena	enfermera
médico	ambulancia

C. Descubre las palabras ocultas:

1. arevaLnadí
2. raJbae
3. oéiMcd
4. iraFmaca
5. loDro
6. amlCial

D. Ordena estas definiciones:

Dolor
Medicina
Peine
Ambulancia
Tijeras

_____ Lleva los enfermos al hospital.
_____ Para arreglar el pelo.
_____ Sensación de molestia en alguna parte del cuerpo.
_____ Se toma para curarse.
_____ Para cortar las cosas.

E. Coloca estas acciones en el orden en que se hacen diariamente:

vestirse
lavarse las manos
ducharse
afeitarse/maquillarse
desnudarse
secarse
limpiarse los dientes
peinarse

1	
2	
3	
4	
5	
6	
7	
8	

F. ¿Qué hace el médico cuando su paciente...

tiene una herida?	le pone el termómetro.
tiene dolores?	le pone una escayola.
tiene un brazo roto?	le da una pastilla.
tiene fiebre?	le pone una venda.

G. Contesta a estas preguntas:

1. *¿Dónde se compran las medicinas?*

2. *¿Dónde se lleva la ropa a limpiar?*

3. *¿Dónde se arregla uno el pelo?*

4. *¿Dónde se lleva a los heridos?*

U.16.1 DEPORTES (I)

1	fútbol	football
2	marcador	scoreboard
3	equipo	team
4	espectadores	spectators
5	portero	goalkeeper
6	balón	ball
7	jugador/futbolista	football player
8	campo	pitch
9	árbitro	referee
10	ganar	to win
11	perder	to lose
12	empatar	to equalize
13	portería	goal line
14	tenis	tennis
15	juez	umpire
16	pelota	ball
17	cancha/pista	court
18	raqueta	racket
19	red	net
20	línea	line

U.16.2 DEPORTES (II)

1	playa	*beach*	12	baloncesto	*basketball*
2	nadar	*to swim*	13	judo	*judo*
3	correr	*to run*	14	atletismo	*athletics*
4	ola	*wave*	15	plaza de toros	*bullring*
5	tomar el sol	*to sunbathe*	16	corrida	*bullfight*
6	navegar	*to sail*	17	torero	*bullfighter*
7	orilla	*shore*	18	toro	*bull*
8	jugar	*to play*	19	barrera	*barrier*
9	arena	*sand*	20	ruedo	*bullring*
10	natación	*swimming*	21	picador	*«picador»*
11	gimnasia	*gymnastics*	22	rejoneador	*«rejoneador»*

U.16. DEPORTES

A. ¿Cuáles son los equipos que, en esta quiniela, ganan, pierden o empatan?

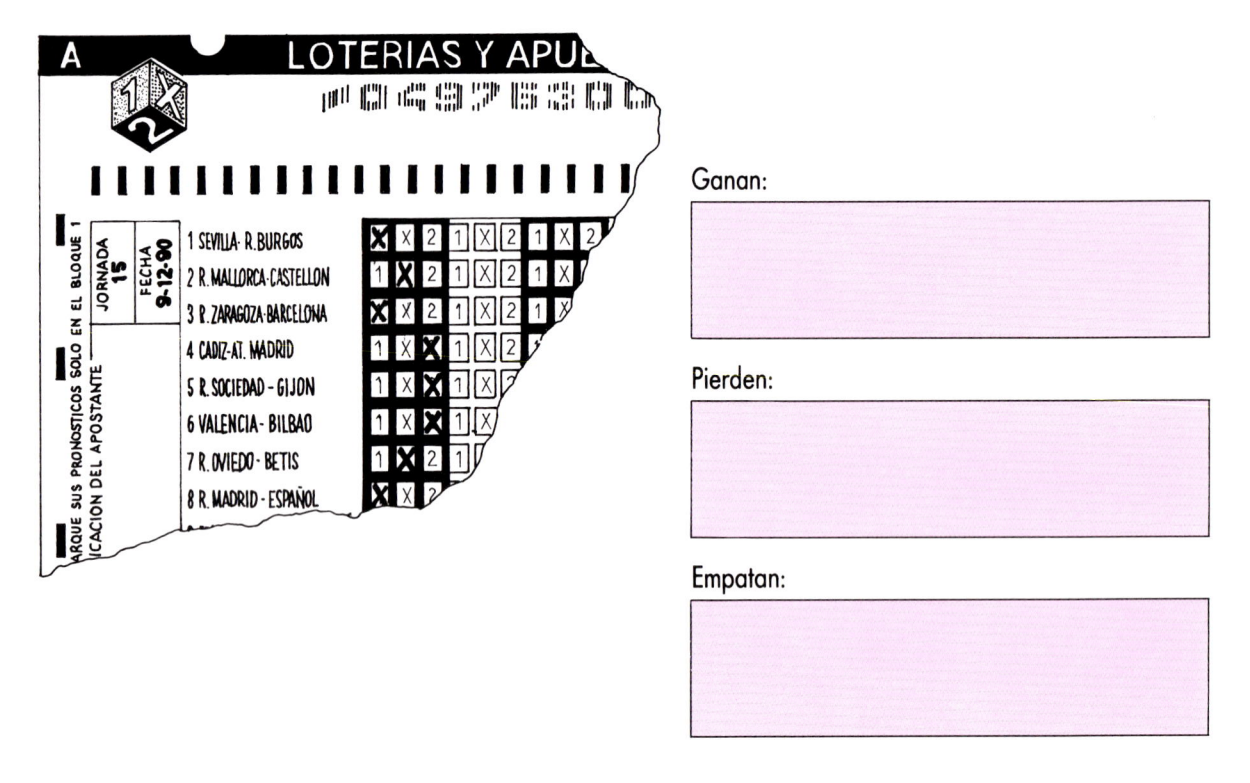

1 SEVILLA - R. BURGOS	X
2 R. MALLORCA - CASTELLON	X
3 R. ZARAGOZA - BARCELONA	1
4 CADIZ - AT. MADRID	X
5 R. SOCIEDAD - GIJON	1
6 VALENCIA - BILBAO	X
7 R. OVIEDO - BETIS	1
8 R. MADRID - ESPAÑOL	1

Ganan:

Pierden:

Empatan:

B. Ordena estas definiciones:

        Torero
        Marcador
        Portero
        Espectador

_____ *Donde se anotan los tantos en el fútbol.*
_____ *Que asiste a un espectáculo.*
_____ *El que torea los toros.*
_____ *El jugador que defiende la meta de su equipo.*

C. Une las palabras de las dos columnas:

    playa   *jugar al tenis*
    campo   *árbitro*
    red   *jugar al fútbol*
    agua   *tomar el sol*
    silbato   *nadar*

D. ¿Cuáles de estas cosas se pueden hacer fácilmente en la playa, y cuáles no?

	sí	no
correr		
torear		
nadar		
escribir		
estudiar		
navegar		
tomar el sol		
cocinar		
jugar al fútbol		
ver la TV		

E. Completa estas frases con las palabras del recuadro.

plazas, corridas, toreros, picador, toros

1. Los p   siempre van a caballo.
2. Casi todas las p   de toros son redondas.
3. Las c   de toros comienzan a las cinco de la tarde.
4. En cada corrida hay tres t   y seis toros.

F. Completa el crucigrama:

1. Torear a caballo.
2. Meter un gol.
3. No ganar.
4. No perder.
5. Enfrentarse al toro en la plaza.
6. Dirigir un barco.
7. Andar muy deprisa.

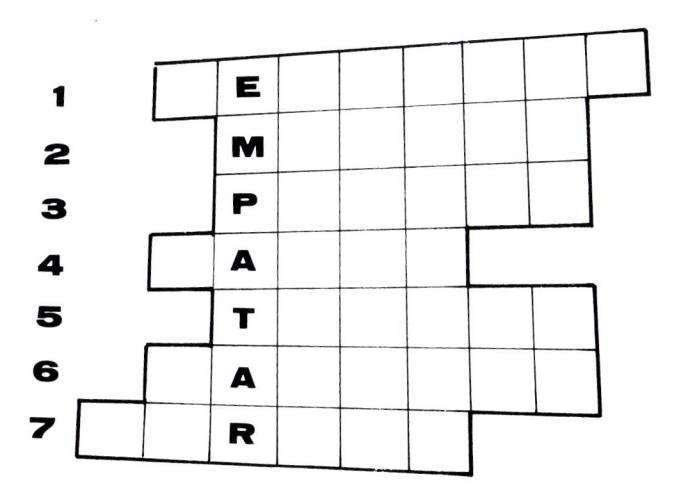

1. _ _ E _ _ _ _ _
2. _ _ M _ _ _ _
3. _ _ P _ _ _ _ _
4. _ _ A _ _
5. _ _ T _ _ _ _
6. _ _ A _ _ _
7. _ _ R _ _ _ _ _

U.17.1   EL CLIMA (I)

Lluvia	
Sol	
Niebla	
Nieve	
Cubierto	
Tormenta	

norte	*north*
sur	*south*
este	*east*
oeste	*west*
lluvia	*rain*
sol/soleado	*sun/sunny*
niebla	*fog*
nieve	*snow*
cubierto/nublado	*overcast/cloudy*
tormenta	*storm*
estaciones:	*seasons:*
primavera	*spring*
verano	*summer*
otoño	*autumn*
invierno	*winter*

meses:	*months:*
enero	*January*
febrero	*February*
marzo	*March*
abril	*April*
mayo	*May*
junio	*June*
julio	*July*
agosto	*August*
septiembre	*September*
octubre	*October*
noviembre	*November*
diciembre	*December*

U.17.2 EL CLIMA (II)

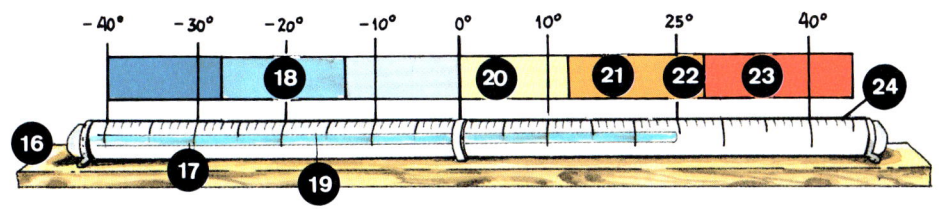

1	calor	*heat*	9	viento	*wind*	17	bajo cero	*below zero*
2	soleado	*sunny*	10	mar	*sea*	18	frío	*cold*
3	seco	*dry*	11	ola	*wave*	19	grados	*degrees*
4	sombra	*shadow*	12	tormenta	*storm*	20	fresco	*fresh*
5	templado	*mild*	13	rayo	*lightning*	21	agradable	*pleasant*
6	agradable	*pleasant*	14	hielo	*ice*	22	templado	*mild*
7	brisa	*breeze*	15	nieve	*snow*	23	calor	*heat*
8	temporal	*tempest*	16	termómetro	*thermometer*	24	escala	*scale*

U.17. EL CLIMA

A. Completa las siguientes frases:

1. No me gusta nada el calor, en verano voy al N
2. No me gusta estar cerca del mar cuando hay t
3. El viaje en barco no fue bueno, había t con olas de varios metros.
4. Cuando hay r   , es peligroso colocarse bajo un árbol.
5. No se ve nada, la n   es muy densa.

B. ¿Cuáles de estas palabras se relacionan con el buen y con el mal tiempo?

temporal   sombra
rayo   tempestad
templado   hielo
calor   brisa
sol   nieve

buen tiempo	mal tiempo

C. ¿En qué mes del año ocurren estas cosas?

1. Comienza el curso.
2. Navidad.
3. Termina el curso.
4. Se caen las hojas de los árboles.
5. Dormimos con la ventana abierta.

D. ¿Qué tiempo hace en tu país en...

Navidad?
Semana Santa?
agosto?
tu cumpleaños?

E. Coloca los símbolos en el mapa de acuerdo con el texto:

> Llueve en el Norte, con temperaturas suaves y nubes bajas. En el Centro y Extremadura hay nubes y claros. En Cataluña y Levante los cielos están despejados y las temperaturas son agradables, pero los vientos son fuertes. En Andalucía los termómetros han subido hasta los 30°, los cielos están despejados y se esperan temperaturas aún más altas.

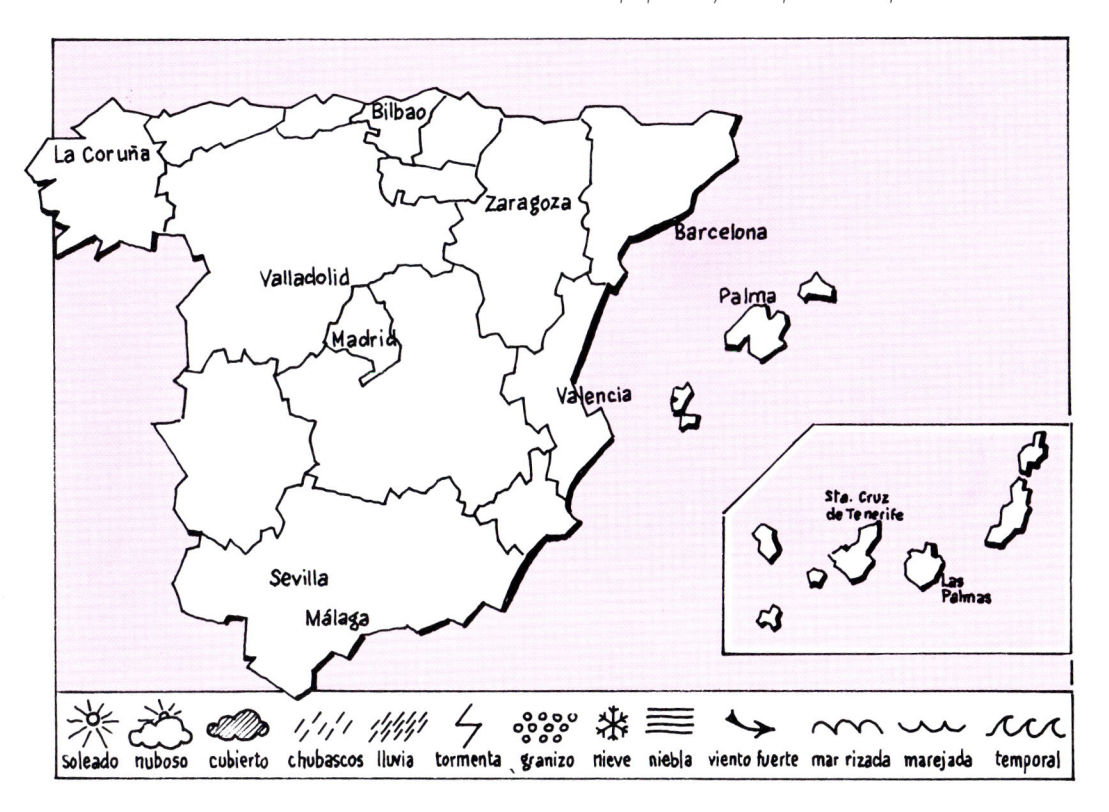

soleado · nuboso · cubierto · chubascos · lluvia · tormenta · granizo · nieve · niebla · viento fuerte · mar rizada · marejada · temporal

F. Une las palabras de las dos columnas. Consulta el mapa del ejercicio E.

lluvia	León
nieve	Ebro
calor	Galicia
tormenta	Málaga
viento	Pirineos
nieblas	Tarifa (Cádiz)
cubierto	Canarias

U.18.1 EDUCACIÓN (I)

ENSEÑANZA

E. PRIMARIA	E. SECUNDARIA	E. UNIVERSITARIA
ESCUELA / COLEGIO	INSTITUTO	UNIVERSIDAD
MAESTRO	PROFESOR	

enseñanza	*education*	universitaria	*university*	universidad	*university*
enseñanza primaria	*elementary education*	escuela/colegio	*school*	maestro	*schoolteacher*
enseñanza secundaria	*secondary education*	instituto	*institute*	profesor	*teacher*

1	clase	*classroom*	8	preguntar	*to ask*
2	explicar	*to explain*	9	aprender	*to learn*
3	enseñar	*to teach*	10	papel (hoja)	*sheet of paper*
4	profesor	*teacher*	11	contar	*to count*
5	leer	*to read*	12	comprender	*to understand*
6	alumnos	*students/pupils*	13	escribir	*to write*
7	libro	*book*	14	cuaderno	*exercise book*

U.18.2 EDUCACIÓN (II)

	horario	timetable						
	curso	course	1	exámenes	examinations/exams	9	diccionario	dictionary
	asignaturas	subjects:	2	notas	marks	10	palabra	word
	Latín	Latin	3	aprobar	to pass «an exam»	11	deletrear	to spell out
	Lengua	Language	4	suspender	to fail	12	significado	meaning
	Historia	History	5	diploma	diploma	13	traducir	to translate
	Idiomas	Languages	6	hablar bien	to speak well	14	fácil	easy
	Física y Química	Physics and Chemistry	7	hablar despacio	to speak slowly	15	difícil	difficult/hard
	Matemáticas	Mathematics	8	hablar rápido	to speak fast	16	ilustración	picture

U.18. EDUCACIÓN

A. Señala las asignaturas útiles (×), inútiles (o) o necesarias (√), en este cuadro:

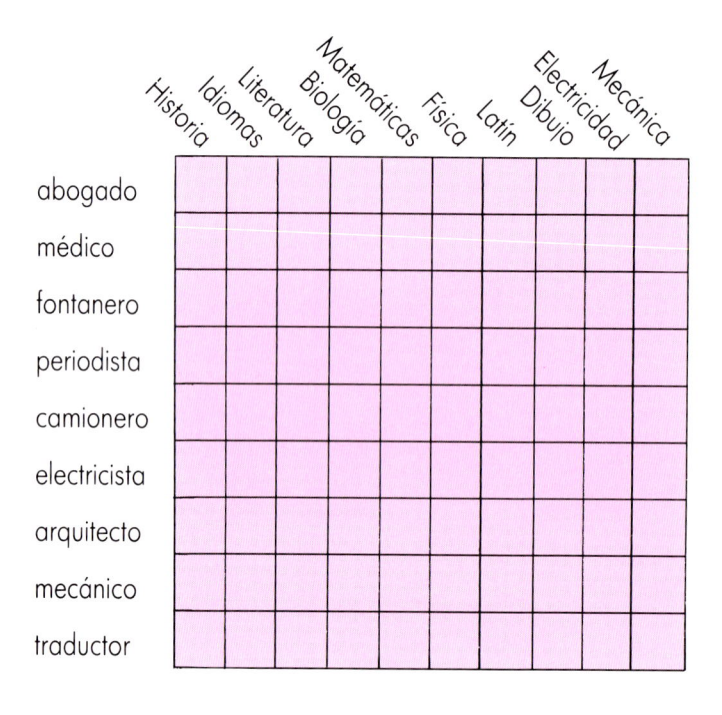

	Historia	Idiomas	Literatura	Biología	Matemáticas	Física	Latín	Dibujo	Electricidad	Mecánica
abogado										
médico										
fontanero										
periodista										
camionero										
electricista										
arquitecto										
mecánico										
traductor										

B. Completa este texto utilizando palabras del recuadro:

notas	suspendidos	diploma
calificaciones		aprobados
examen		curso

1. Los exámenes de fin de   tendrán lugar el 10 de mayo a las 9 de la mañana. Las listas con las   se publicarán el día 12.
2. Los alumnos   podrán recoger sus   en secretaría.
3. Los alumnos   tendrán quince días para repetir el

C. Une las palabras de las dos columnas:

pluma	*leer*
libro	*preguntar*
encerado	*contar*
interrogación	*escribir*
número	*explicar*

D. ¿Qué nivel de conocimientos tienes en estas lenguas?

	Francés	Español	Inglés
	1 2 3 4	1 2 3 4	1 2 3 4
Escribir			
Leer			
Hablar			
Comprender			

1. *Nada* 2. *Algo* 3. *Bastante* 4. *Mucho*

E. Ordena estas definiciones:

Traducción
Deletrear
Examen
Matemáticas
Maestro

_____ *Trata de los números.*
_____ *Superar una prueba.*
_____ *Pasar un texto a otro idioma.*
_____ *Decir las letras de una palabra.*
_____ *Persona que enseña en una escuela.*

F. Completa este cuadro:

Nivel	Centro	Profesor
Primaria		
	Instituto	
		Profesor

U.19.1 POLÍTICA

1	España	Spain		
2	autonomías	self-governments		
3	diputado/senador	deputy/senator		
4	parlamento	parliament		
5	consejo de ministros	cabinet meeting		
6	Rey	King		
7	Reina	Queen		
8	Príncipe	Prince		
9	Infantas	Infantas		
10	grupos parlamentarios	parliamentary groups		
11	partidos políticos	political parties		
12	comunistas	communists		
13	centro	centre parties		
14	socialistas	socialists		
15	conservadores	conservative parties		
16	sindicatos	trade unions		
17	seguridad social	social insurance		
18	servicio militar	military service		
19	justicia	justice		

78

U.19.2 MEDIOS DE COMUNICACIÓN

1	radio	broadcasting/wireless	10	programa deportivo	sports programme
2	programa musical	musical programme	11	prensa	press
3	locutor	newscaster	12	periódico	newspaper
4	programa de debate	debate programme	13	titulares	headlines
5	televisión	television	14	artículo	article
6	encendida	on	15	foto	photo
7	apagada	off	16	anuncio	advertisement [ad]
8	informativo	[bulletin] newscast	17	publicidad	advertising
9	presentador	announcer	18	revista	review/magazine
			19	tebeo	[children's] comic

U.19. POLÍTICA Y MEDIOS DE COMUNICACIÓN

A. Completa las frases con palabras del recuadro.

> Parlamento, senadores, consejo, diputados, autonomías, Congreso, socialistas, Senado

1. El c de ministros se reúne hoy para estudiar los presupuestos.
2. Las diecisiete a que tiene España están compuestas por cincuenta provincias.
3. El mayor porcentaje en el P corresponde a los s.
4. Los d forman el C; el S está integrado por los s.

B. Señala si estas afirmaciones son verdaderas (V) o falsas (F).

	V	F
1. El consejo de ministros es presidido por el Rey.		
2. Las dos cámaras parlamentarias son el Congreso y el Senado.		
3. En España hay dos partidos políticos: Liberales y Conservadores.		
4. El Príncipe es hermano de las Infantas.		

C. Relaciona las dos columnas:

apagar	minoría
prensa	titulares
parlamento	encender
mayoría	partidos políticos

80

D. Ordena estas definiciones:

Política
Foto
Artículo
Ministro

_____ Escrito de cierta extensión en un periódico.
_____ Jefe de un Gabinete de los que integran el Gobierno.
_____ Actividad de administración de los asuntos públicos.
_____ Imagen obtenida fotográficamente.

E. Rellena los espacios en blanco:

1. Los partidos de c_____ y de d_____ se han unido para ganar a los de i_____ en las elecciones.
2. En el S_____, los s_____ liberales apoyan a los c_____ en su oposición al Gobierno.
3. En el P_____, los d_____ comunistas han pactado con los s_____.
4. El P_____ del Gobierno y sus m_____ se reúnen los viernes.

F. ¿A qué clase de prensa corresponden estas noticias?

1. Gorbachov lanza un ultimátum a Lituania.
2. La actriz Elena Morado contrae matrimonio con el torero Curro Faroles.
3. El piloto Jaime Gustavo Lar ha batido el récord de vuelo en solitario.
4. ¡PLAF! ¡BUM! ¡CRASH!

> revista deportiva
>
> tebeo
>
> prensa política
>
> revista del corazón

¿Prefieres la radio o la televisión? Indica por orden de preferencia:

☐ Programas musicales.   ☐ Películas.
☐ Programas de debate.   ☐ Informativos.
☐ Programas deportivos.   ☐ Concursos.

U.20.1 VERBOS (I)

1	ser	*to be*	9	poner	*to place/to put*	17	estar alegre	*to be glad*
2	estar	*to be*	10	quitar	*to take off*	18	estar triste	*to be sad*
3	ir	*to go*	11	vestirse	*to dress oneself*	19	abrir	*to open*
4	volver	*to come back*	12	desvestirse	*to get undressed*	20	cerrar	*to close*
5	meter	*to put in*	13	encender	*to turn on*	21	salir	*to go out/to come out*
6	sacar	*to take out*	14	apagar	*to turn off*	22	entrar	*to come in*
7	gustar	*to like*	15	sentarse	*to sit down*	23	llevar	*to take to/to carry*
8	no gustar	*to dislike*	16	levantarse	*to stand up/to get up*	24	traer	*to bring*

U.20.2 VERBOS (II)

1	llegar tarde	to be late
2	llegar pronto	to be early
3	hablar	to speak/to talk
4	escuchar	to listen
5	marchar	to go
6	llegar	to arrive
7	comprar	to buy
8	vender	to sell
9	trabajar	to work
10	descansar	to rest
11	ganar	to win
12	perder	to lose
13	comer	to eat
14	beber	to drink
15	aburrirse	to be bored
16	divertirse	to enjoy/amuse oneself
17	contestar	to answer
18	preguntar	to ask
19	bailar	to dance
20	cantar	to sing
21	enseñar	to teach
22	aprender	to learn
23	aprobar	to pass
24	suspender	to fail
25	explicar	to explain
26	comprender	to understand

U.20. VERBOS

A. Encuentra en esta *sopa de letras*, diez verbos relacionados con el movimiento.

```
G A F B S M P C T L D
E N T R A R O D P N T
Y X C D L Q A N G V C
N J D F I J X J M S O
E S T A R V N L A N R
T R R I L H T J R B R
H M B A N S D I C Y E
D U K P G W N P H Ñ R
S L Z X N E A O A F A
D P C G V G L C R S H
W A N D A R U L D L C
```

B. Relaciona estos dibujos con los verbos del recuadro:

| entrar, cantar, comprar, comer, sentarse |

1.
2.
3.
4.
5.

C. Ordena estas definiciones:

Comprar
Vestirse
Aprobar
Salir
Hablar

_____ *Lo contrario de entrar.*
_____ *Pasar una prueba o un examen.*
_____ *Decir algo con palabras.*
_____ *Ponerse la ropa.*
_____ *Dar dinero a cambio de algo.*

D. Empareja cada verbo con su opuesto:

Aprobar	Divertirse	Perder
Suspender	Contestar	
Cerrar	Preguntar	Abrir
Aburrirse	Ganar	

E. Ciertas palabras se relacionan casi siempre con ciertos verbos.

ser — bueno

escuchar

cerrar

estar

perder — cabeza

SOLUCIONES

U.1. IDENTIFICACIÓN

A: 1. Ana es la esposa de Juan; 2. Mercedes, Alfonso e Isabel; 3. Carlos; 4. Alfonso; 5. Juan.

B:

mujer	primero	dos	plaza
marido	cuarto	cinco	avenida
padre	décimo	seis	paseo
hija	octavo	tres	calle

C: Quesos: francesa; Vinos: española; Tulipanes: holandesa; Salchichas: alemana.

D: Ejercicio libre.

E: 1. esposa; 2. hijos; 3. hija, soltera; 4. hijo; 5. Luisa; 6. padre; 7. mujer; 8. familia.

U.2. EL CUERPO HUMANO

A: Cantar: garganta; Bailar: piernas; Leer: ojos; Comer: boca; Tocar el piano: dedos.

B: Porque tengo frío; porque tengo sed; porque tengo hambre; porque tengo sueño; porque tengo calor.

C: Frankenstein-feo; M. Monroe-guapa; Laurel y Hardy-delgado y gordo; E.T.-bajo; S. Ballesteros-moreno.

D: 1. los ojos; 2. las orejas; 3. la nariz; 4. los dedos.

E: Policía: estar de pie; Portero: estar sentado; Dependiente: estar moviéndose; Cartero: estar andando; Bibliotecario: estar sentado; Bailarina: estar moviéndose.

F: 1. oreja; 2. boca; 3. dedos; 4. piernas; 5. pelo; 6. cuello; 7. nariz.

G: Garganta: ...hablar; Pulmones: ...respirar; Corazón: ...hacer circular la sangre; Estómago: ...digerir.

U.3. LA CASA. LA VIVIENDA

A: Ejercicio libre.

B: el comedor; el dormitorio; el cuarto de baño; la cocina; el garaje.

C: Sábana-manta; Mesa-silla; Grifo-lavabo; Portera-portería; Balcón-terraza; Bombilla-lámpara; Antena-televisión; Nevera-horno.

D: Ático: Último piso...; Vender: Dar algo a otro...; Alquilar: Dejar algo...; Colchón: Sobre él...; Bombilla: Si se enciende...

E: 1. balcón; 2. ascensor; 3. terraza; 4. ático; 5. piso; 6. antena; 7. teléfono; 8. calefacción; 9. garaje; 10. portero.

F: 1. antena; 2. horno; 3. toalla; 4. portero.

U.4. MAR Y MONTAÑA. CAMPO

A: 1. Verdadero; 2. Falso; 3. Verdadero; 4. Falso; 5. Falso.

B: 1. cerdo; 2. vaca; 3. burro; 4. pájaro; 5. gallina; 6. gallo; 7. toro.

C: gallina-gallo; flor-rama; montaña-valle; tierra-agua; vaca-toro; aldea-pueblo.

D: Ejercicio libre.

E: 1. mosca; 2. gallina; 3. tierra; 4. mar; 5. industria.

F: Ejercicio libre.

G: 1. En la costa hay un gran golfo; 2. En la ladera de ese monte se ve un castillo. 3. En la isla hay un pequeño bosque. 4. Desde el mar se ve esa colina; 5. Al pie del monte hay un río.

U.5. COMIDAS Y BEBIDAS

A:

Bebidas	Tapas	Recipientes
agua	patatas fritas	taza
cerveza	queso	jarra
sangría	tortilla	vaso
	jamón	copa
	aceitunas	

B: Ejercicio libre.

C: 1. Vinagre: *para condimentar*; 2. Sal: *para condimentar*; 3. Aceite: *para cocinar*; 4. Pimienta: *para condimentar*.

D: Ejercicio libre.

E: Ejercicio libre.

F: 1. Falso; 2. Falso; 3. Verdadero; 4. Verdadero; 5. Falso.

G: 1. café; 2. mantequilla; 3. vino; 4. cebolla; 5. vinagre.

U.6. LA COMPRA. ALMACENES

A: Embutidos: *Jamón, salchichón, chorizo...* Estanco: *Tabaco, cerillas, mecheros, sellos...* Carnicería: *Ternera, cordero, cerdo...* Frutería: *Naranjas, limones, tomates, pimientos...*

B: Camisa: *encima*; Pantalones: *debajo*; Zapatos: *debajo*; Falda: *debajo*; Medias: *debajo*; Calcetines: *debajo*; Blusa: *encima*; Corbata: *encima*.

C: Verdulería/frutería: *tomate, pepino, pimiento, ajo*.
Panadería: *pan*.
Tienda de Ultramarinos: *aceite, vinagre, sal*.
Pescadería: *nada*.
Carnicería: *nada*.
Lechería: *nada*.

D: Mezclar bien el *vino* blanco, los *ajos* machacados y el *perejil*, con la tinta. Poner en una olla la mezcla con los *calamares* y la *cebolla*, cubrir con agua y dejar cocer a fuego lento hasta que la *cebolla* esté deshecha. Servir con arroz blanco.

E: Ejercicio libre:

F: Ejercicio libre.

G: BALANZA: *Sirve para pesar*; RECIPIENTE: *Donde puede ponerse algo*; MECHERO: *Pequeño instrumento para encender fuego*; RELOJ: *Máquina que sirve para medir el tiempo*.

U.7. PROFESIONES

A: Cartero: E/I; Fontanero: E/I; Camionero: E; Abogado: I; Carpintero: E/I; Dependienta: I; Zapatero: I; Pintora: E/I.

B: S. Ochoa: *científico*; Sorolla: *pintor*; F. de Quevedo: *escritor*; M. de Falla: *Músico*; M. Caballé: *cantante*.

C: A: camarero; B: peluquero; C: albañil; D: pintor; E: científico; F: mecánico; G: cocinero; H: jardinero.

D: Camarero: *mañana, tarde* y *noche*; Cartera: *m* y *t*; Peluquero *m* y *t*; Cajera: *m* y *t*; Empleado de banco: *m*; Cantante: *t* y *n*; Acomodadora: *t* y *n*; Científico: *m*, *t* y *n*; Vendedor de periódicos: *m* y *t*; Profesora: *m* y *t*.

E: Abogados: *juzgados*; carteros: *calles*; agricultores: *campo*; dependientes: *tiendas*; cocineros: *cocinas*; panaderos: *panaderías*.

F: 1. cartero; 2. electricista; 3. camionero; 4. peluquero; 5. dependienta; 6. agricultor.

G: Pintor: *Velázquez, Goya, Picasso...* Cantante: *Alfredo Kraus, José Carreras, Julio Iglesias...* Escritor: *Quevedo, C. J. Cela, Antonio Machado...* Actor/actriz: *Nuria Espert, Fernando Rey, Ángela Molina...* Científico: *Isaac Peral, Doctor Oro...*

U.8. LA CIUDAD. SITUACIÓN Y DIRECCIONES

A: 1. lejos; 2. salir; 3. cerca; 4. entrar; 5. junto.

B: Edificios: *catedral, museo, palacio, ayuntamiento*; Adverbios: *lejos, aquí, junto a, próximo*; Caminos: *camino, calle, carretera, sendero*.

C: cerca-lejos, ir-venir; allí-aquí; arriba-abajo; principio-final; entrar-salir.

D: Ejercicio libre.

E: aquí-allí; arriba-abajo; plaza-fuente; centro ciudad-afueras; doblar a la izquierda-doblar a la derecha; final-principio.

F: Museo: *Donde se exponen...* Esquina: *Donde se unen...* Iglesia: *Donde se va...* Camino: *Para ir...*

U.9. VIDA URBANA

A: 1. semáforo; 2. farolas; 3. multa; 4. policía; 5. aceras; 6. pasos de peatones; 7. terraza; 8. grúa; 9. taxis; 10. cabina.

B: 1. la tarjeta de crédito; 2. cartas; 3. para telefonear; 4. en la parada; 5. en los sobres.

C: 1. cartero; 2. policía; 3. bombero; 4. camarero; 5. acomodador; 6. empleado de banco; 7. taxista; 8. dependiente; 9. vendedor de prensa.

D: Semáforo: *aparato luminoso...*; Auricular: *parte del teléfono...*; Calzada: *parte de la calle...*; Grúa: *máquina que levanta...*

E: 1. Ocupado; 2. Obra; 3. Calle; 4. Caja; 5. Buzón; 6. Semáforo.

F: 1. Terraza; 2. Agente; 3. Extranjero; 4. Firma.

G: grúa-multa; semáforo-paso de cebra; terraza-cafetería; sello-tarjeta postal; acera-calzada; comisaria-policía.

U.10. VIDA SOCIAL

A: Ayer fue el cumpleaños de María. Dio una *fiesta* en su casa e invitó a todos sus amigos. Llegamos a las 8 y ya había más de 30 *personas*. Nuestro *regalo* fue un libro que le gustó mucho. No nos *aburrimos*, aunque no conocíamos a nadie. Maria nos presentó a sus *amigos* y estuvimos *charlando* hasta muy tarde; nos *divertimos* mucho. No cenamos, pero había muchas cosas para *comer* y *beber*.

B: Ejercicio libre.

C: Ejercicio libre.

D: Ejercicio libre.

E: Ejercicio libre.

F: 1. suegro; 3. abuelo; 4. primo; 5. hijo; 6. nieto; 7. tío.

U.11. DESCRIPCIONES

A: ancho-estrecho; blando-duro; claro-oscuro; débil-fuerte; grande-pequeño.

B: Ejercicio libre.

C: Ejercicio libre.

D: 1. de papel; 2. de plástico; 3. de rocas y tierra; 4. de metal; 5. de madera; 6. de tela y metal; 7. de tela; 8. de cuero; 9. de tela.

E: 1. bello; 2. bonito; 3. desagradable; 4. agradable; 5. feos; 6. horrible.

F: Ejercicio libre.

G: Ejercicio libre.

U.12. TRANSPORTES. EL AUTOMÓVIL

A: 1. en el maletero; 2. en el depósito; 3. los intermitentes; 4. con el freno; 5. con el volante.

B: 1. agente; 2. arcén; 3. coche; 4. gasóleo.

C: 1. peaje; 2. autopista; 3. tráfico; 4. gasolinera; 5. obras; 6. cruce; 7. señal.

D: Ejercicio libre.

E: Ejercicio libre.

F: Arcén: *espacio...*; Acelerar: *dar más velocidad*; Freno: *aparato...*; Peaje: *pago...*

G: acelerador-freno; gasolina-depósito; carril-arcén; peaje-barrera; llave-contacto.

U.13. VIAJAR

A:

Tren	Barco	Avión
andén	muelle	pista
llegar	atracar	aterrizar
salida	zarpar	despegar
conductor	capitán	piloto
trayecto	travesía	vuelo

B: Ejercicio libre.

C: 1. destino; 2. piloto; 3. vía; 4. conductor.

D: 1. Vacaciones culturales; 2. Vacaciones en la playa; 3. Vacaciones en la montaña.

E: Ejercicio libre.

F: 1. Barco; 2. Avión; 3. Piloto; 4. Llave; 5. Muelle; 6. Tren; 7. Revisor.

U.14. TIEMPO LIBRE

A: 1. llamas...; 2. buscas...; 3. quedas...; 4. esperas...; 5. haces...; 6. compras...; 7. dais...

B: Teatro: *Obra, actor, taquilla, escenario, butaca, acomodador, director.*
Cine: *Pantalla, director, taquilla, butaca, acomodador.*
Discoteca: *Piano, micrófono, batería, taquilla, cantante, escenario.*

C: *Platos, vasos, tenedores, cucharas, cuchillos, copas, servilletas...*

D: Ejercicio libre.

E: Pista-bailar; propina-cuenta; cubiertos-mesa; fila-butaca; sala-teatro.

F: La *película* de Alfred Hitchcock es una de las *obras* más interesantes que pueden verse hoy en *pantalla*. El *director* ha realizado una magnífica labor con los *actores*. Tanto la interpretación como el guión y la fotografía, son excelentes.

U.15. LA SALUD Y LA HIGIENE

A: 1. camilla, urgencias; 2. hospital, ambulancia; 3. sirena, enfermo; 4. enfermera, inyección; 5. píldora, dolor.

B: fractura-escayola, medicina-jarabe; temperatura-termómetro; sirena-ambulancia; médico-enfermera.

C: 1. Lavandería; 2. Jarabe; 3. Médico; 4. Farmacia; 5. Dolor; 6. Camilla.

D: Dolor: *Sensación de molestia...*; Medicina: *Se toma...*; Peine: *Para arreglar el pelo*; Ambulancia: *Lleva los enfermos...*; Tijeras: *Para cortar las cosas.*

E: Ejercicio libre.

F: herida-venda; dolores-pastilla; brazo roto-escayola; fiebre-termómetro.

G: 1. en la farmacia; 2. a la lavandería/tintorería; 3. en la peluquería; 4. al hospital.

U.16. DEPORTES

A: Ganan: *Sevilla, Zaragoza, R. Madrid, At. Madrid, Gijón, Bilbao.*
Pierden: *Burgos, Barcelona, Español, Cádiz, R. Sociedad, Valencia.*
Empatan: *R. Mallorca, Castellón, R. Oviedo, Betis.*

B: Torero: *El que torea los toros*; Marcador: *Donde se anotan...*; Portero: *El jugador...*; Espectador: *Que asiste...*

C: Playa-tomar el sol; campo-jugar al fútbol; red-jugar al tenis; agua-nadar; silbato-árbitro.

D: correr, sí; torear, no; nadar, sí; escribir, no; estudiar, no; navegar, sí; tomar el sol, sí; cocinar, no; jugar al fútbol, sí; ver la TV, sí.

E: 1. picadores; 2. plazas; 3. corridas; 4. toreros.

F: 1. rejonear; 2. marcar; 3. perder; 4. ganar; 5 torear; 6. navegar; 7. correr.

U.17. EL CLIMA

A: 1. Norte; 2. tormenta/temporal; 3. temporal/tormenta; 4. rayos; 5. niebla.

B: Temporal: malo; rayo: malo; templado: bueno; calor: b; sol: b; sombra: b; tempestad: m; hielo: m; brisa: b; nieve: m.

C: 1. Septiembre; 2. Diciembre; 3. Junio; 4. Octubre/Noviembre; 5. Julio/Agosto.

D: Ejercicio libre.

E: Ejercicio libre.

F: Ejercicio libre.

U.18. EDUCACIÓN

A: Ejercicio libre.

B: 1. curso, notas/calificaciones; 2. aprobados, diplomas; 3. suspendidos, examen.

C: Pluma-escribir; libro-leer; encerado-explicar; interrogación-preguntar; número-contar.

D: Ejercicio libre.

E: Traducción: *Pasar un texto...*; Deletrear: *Decir las letras...*; Examen: *Superar...*; Matemáticas: *Trata...*; Maestro: *Persona...*

F:

Nivel	Centro	Profesor
Primaria	*Escuela*	*Maestro*
Bachiller	*Instituto*	*Profesor*
Universidad	*Universidad*	*Profesor*

U.19. POLÍTICA Y MEDIOS DE COMUNICACIÓN

A: 1. consejo; 2. autonomías; 3. Parlamento, socialistas; 4. diputados, Congreso, Senado, senadores.

B: 1-F; 2-V; 3-F; 4-V.

C: apagar-encender; prensa-titulares; parlamento-partidos políticos; mayoría-minoría.

D: POLÍTICA: *Escrito...*; FOTO: *Imagen...*; ARTÍCULO: *Escrito...*; MINISTRO: *Jefe...*

E: 1. centro, derecha, izquierda; 2. Senado, senadores, conservadores; 3. Parlamento, diputados, socialistas; 4. Presidente, ministros.

F: 1. Prensa política; 2. Revista del corazón; 3. Revista deportiva; 4. Tebeo.

G: Ejercicio libre.

U.20. VERBOS

A:

```
G A F B S M P C T L D
E N T R A R O D P N T
Y X C D L Q A N G V C
N J D F I J X J M S O
E S T A R V N L A N R
T R R I L H T J R B R
H M B A N S D I C Y E
D U K P G W N P H Ñ R
S L Z X N E A O A F A
D P C G V G L C R S H
W A N D A R U L D L C
```

B: 1. entrar; 2. sentarse; 3. cantar; 4. comprar; 5. comer.

C: COMPRAR: *Dar dinero...*; VESTIRSE: *Ponerse la ropa*; APROBAR: *Pasar un examen*; SALIR: *Lo contrario...*; HABLAR: *Decir algo con palabras*.

D: Aprobar-suspender; Divertirse-aburrirse; Perder-ganar; Contestar-preguntar; Cerrar-abrir.

E: 1. mujer, guapo; 2. ruido, música, tontería; 3. boca, ojos, camino; 4. bien, feliz, lejos; 5. tiempo, tren, nervios.

Glosario bilingüe

A

abajo	down (U.8.2)	alumnos, los	pupils/students (U.18.1)
abogado, el	lawyer (U.7.2)	amarillo	yellow (U.11.1)
abrigo, el	coat (U.6.2)	ambulancia, la	ambulance (U.15.1)
abril	April (U.17.1)	amigos, los	friends (U.10.1)
abrir	to open (U.20.1)	ancho	wide (U.11.2)
abuelos, los	grandparents (U.10.1)	anciano, el	old man (U.2.2)
aburrirse	to be bored (U.10.2/U.20.2)	andén, el	platform (U.13.2)
aceite, el	oil (U.5.1/U.12.1)	anfitrión, el	host (U.10.2)
aceituna, la	olives (U.5.1)	antena, la	antenna/aerial (U.3.1)
acelerador, el	accelerator (U.12.2)	anuncio, el	advertisement [ad] (U.19.2)
acera, la	pavement (U.8.2)	apagada	off (U.19.2)
acomodador, el	usher (U.14.1)	apagar	to turn off (U.20.1)
acompañar	to go with (U.10.1)	aparcamiento, el	parking (U.9.1)
actor, el	actor (U.14.1)	apartamento, el	apartment (U.3.1)
actriz, la	actress (U.7.1/U.14.1)	apellidos, los	family name (U.1.1)
adolescente, el	teenager (U.2.2)	aprender	to learn (U.18.1/U.20.2)
aduana, la	customs (U.13.1)	aprobar	to pass (U.18.2/U.20.2)
adulto, el	adult (U.2.2)	aquí	here (U.8.2)
afeitarse	to shave (U.15.2)	árbitro, el	referee (U.16.1)
afueras, las	outskirts (U.8.1)	árbol, el	tree (U.4.2)
agencia de viajes, la	travel agency (U.13.1)	arcén, el	border (U.12.1)
agente, el	policeman (U.9.1/U.12.1)	arena, la	sand (U.16.2)
agosto	August (U.17.1)	armario, el	wardrobe (U.3.2)
agradable	pleasant (U.11.2/U.17.2)	arquitecto, el	architect (U.7.1)
agradecer	to thank (U.10.2)	arriba	up (U.8.2)
agricultor, el	farmer (U.7.2)	artículo, el	article (U.19.2)
agua, el	water (U.5.1)	ascensor, el	lift (U.3.1)
agua caliente, el	hot water (U.3.2)	aseo, el	toilet (U.3.2)
agua fría, el	cold water (U.3.2)	asiento, el	seat (U.12.2)
aire, el	air (U.12.1)	asignatura, la	subject (U.18.2)
ajo, el	garlic (U.6.1)	atención/peligro	danger ahead (U.12.1)
al lado de	next to (U.8.2)	ático, el	attic/top flat (U.3.1)
albañil, el	bricklayer (U.7.2)	atletismo, el	athletics (U.16.2)
aldea, la	hamlet (U.4.2)	auricular, el	receiver (U.9.2)
Alemania	Germany (U.1.2)	autobús, el	bus (U.9.1)
algo	something (U.11.2)	autoestopista, el	hitchhiker (U.12.1)
algodón, el	cotton (U.11.1)	autonomías, las	self governments (U.19.1)
allí	there (U.8.2)	autopista, la	motorway/highway (U.12.1)
almohada, la	pillow (U.3.2)	avión, el	aeroplane (U.13.1)
almuerzo, el	breakfast (U.5.1)	ayuntamiento, el	Town Hall (U.8.1)
alquilar	to rent (U.3.1)	azafata, la	air-hostess, stewardess (U.13.1)
altavoz, el	loudspeaker (U.14.2)	azúcar, el	sugar (U.5.2)
alta/o	tall (U.2.2)	azul	blue (U.11.1)

B

bailar	to dance (U.14.2/U.20.2)
baja/o	small (U.2.2)
bajo cero	below zero (U.17.2)
balanza, la	scales (U.6.1)
balcón, el	balcony (U.3.1)
balón, el	ball (U.16.1)
baloncesto, el	basketball (U.16.2)
banco, el	bank (U.9.1)
baño, el	bath (U.3.2)
barco, el	boat/ship (U.13.2)
barra, la	bar (U.5.1)
barrera, la	barrier (U.12.1/U.16.2)
bastante	enough (U.11.2)
batería, la	drums (U.14.2)
beber	to drink (U.20.2)
Bélgica	Belgium (U.1.2)
bello	beautiful (U.11.2)
billete, el (dinero)	note (U.6.2)
billete, el (viaje)	ticket (U.13.1)
blando	soft (U.11.2)
blusas, las	blouses (U.6.2)
boca, la	mouth (U.2.2)
boca de metro, la	tube entrance (U.9.1)
bocacalle, la	side street (U.8.1)
bollo, el	[bread] roll (U.5.2)
bolso, el	bag (U.6.2)
bomberos, los	firemen (U.9.1)
bombilla, la	bulb (U.3.1)
bonito	pretty/nice (U.11.2)
bosque, el	forest (U.4.1)
brazo, el	arm (U.2.1)
brisa, la	breeze (U.17.2)
burro, el	donkey (U.4.2)
butaca, la	seat (U.14.1)
buzón, el	letterbox (U.9.2)

C

caballo, el	horse (U.4.2)
cabeza, la	head (U.2.1)
cabina, la	cabin (U.13.2)
cabina de teléfono, la	telephone booth (U.9.1)
cabo, el	cape (U.4.1)
café, el (establecimiento)	café (U.9.1)
café, el (bebida)	coffee (U.5.2)
caja, la	cashbox (U.9.2)
cajera, la	cashier (U.7.2)
cajero automático, el	cash dispenser (U.9.2)
calcetines, los	socks (U.6.2)
calefacción, la	heating (U.3.1)
caliente	hot (U.5.2)
calle, la	street (U.1.2/U.8.1/U.9.1)
calor, el	heat (U.17.2)
calzada, la	roadway (U.9.1)
cama, la	bed (U.3.2/U.15.1)
camarero, el	waiter (U.5.1/U.14.2)
cambio, el	change (U.9.2)
camilla, la	stretcher (U.15.1)
camino, el	path/lane (U.8.2)
camión, el	lorry (U.12.1)
camionero, el	lorry driver (U.7.2)
camisas, las	shirts (U.6.2)
campo, el	country (U.4.1)
campo de fútbol, el	pitch (U.16.1)
cancha/pista, la	court (U.16.1)
cantante, el	singer (U.7.1/U.14.2)
cantar	to sing (U.20.2)
carne, la	meat (U.5.2)
carnicería, la	butcher's (U.6.1)
carpintero, el	carpenter (U.7.2)
carretera, la	road (U.1.2/U.12.1)
carril, el	track/lane (U.12.1)
carro, el	cart (U.4.2)
cartelera, la	billboard (U.14.1)
cartera, la	wallet (U.6.2)
cartero, el	postman (U.7.2)
casada	married (U.1.1)
casillero, el	pigeonholes (U.13.2)
castillo, el	castle (U.4.1)
catedral, la	cathedral (U.8.1)
cebollas, las	onions (U.6.1)
ceda el paso	«give way» (U.12.1)
cena, la	dinner/supper (U.5.1)
centro, el	centre parties (U.19.1)
centro ciudad, el	town centre (U.8.1)
cepillo de dientes, el	toothbrush (U.15.2)
cerca	near (U.8.2)
cerdo, el (animal vivo)	pig (U.4.2)

cerdo, el (carne)	pork (U.6.1)	conservadores, los	conservatives (U.19.1)
cerillas, las	matches (U.6.2)	contar	to count (U.18.1)
cerrar	to close (U.20.1)	contento	glad (U.10.2)
certificado, el	registered (U.9.2)	contestar	to answer (U.20.2)
cerveza, la	beer (U.5.1)	control de pasaportes, el	passport control (U.13.1)
chaquetas, las	jackets (U.6.2)	conversar	to discuss (U.10.2)
charlar	to chat (U.10.2)	copa, la	glass (U.14.2)
chorizo, el	hard pork sausage (U.6.1)	corazón, el	heart (U.2.2)
churros, los	churros (U.5.2)	cordero, el	mutton (U.6.1)
científico, el	scientist (U.7.1)	cordillera, la	range (U.4.1)
cinco	five (U.1.12)	correos	post office (U.9.1)
cine, el	cinema (U.14.1)	correr	to run (U.16.2)
cinturón de seguridad, el	safety belt (U.12.2)	corrida, la	bullfight (U.16.2)
ciudad, la	town (U.4.1)	cortar el pelo	to have one's hair cut (U.15.2)
claro	clear light (U.11.1)	costa, la	coast (U.4.1)
clase, la (aula)	classroom (U.18.1)	cruce, el	crossroads (U.8.1)
coche, el	car (U.12.1)	cruzar	to cross (U.8.2)
coche cama, el	sleeping wagon (U.13.2)	cuaderno, el	excercise book (U.18.1)
cocina, la	kitchen (U.3.2)	cuadrado	square (U.11.1)
cocinero, el	cook (U.7.2)	cuarto	fourth (U.1.2)
codo, el	elbow (U.2.1)	cuarto de baño, el	bathroom (U.3.2)
cola, la	queue (U.14.1)	cuatro	four (U.1.2)
colchón, el	mattress (U.3.2)	cubierta, la	deck (U.13.2)
colegio, el	school (U.18.1)	cubierto/nublado	overcast/cloudy (U.17.1)
colina, la	hill (U.4.1)	cubiertos, los	cutlery (U.14.2)
comedor, el	dining-room (U.3.2)	cuchara, la	spoon (U.14.2)
comer	to eat (U.20.2)	cuchillo, el	knife (U.14.2)
comisaría, la	police station (U.9.1)	cuello, el	neck (U.2.1)
compañeros, los	colleagues (U.10.1)	cuenta, la	bill (U.14.2)
comprar	to buy (U.20.2)	cuero, el	leather (U.11.1)
comprender	to understand (U.18.1/U.20.2)	cuñados (cuñado/a)	brother-in-law/ sister-in-law (U.10.1)
comunistas, los	communists (U.19.1)	curso, el	course (U.18.2)
conductor, el	driver (U.13.2)		
consejo de ministros, el	cabinet meeting (U.19.1)		

dar la mano	to shake hands (U.10.2)	demasiado	too much (U.11.2)
débil	weak (U.11.2)	**D** dependiente, el	shop assistant (U.7.1)
décimo	tenth (U.1.2)	depósito, el	tank (U.12.2)
decir adiós/despedirse	to say goodbye (U.10.2)	desagradable	unpleasant/disagreeable (U.11.2)
decir hola	to say hello (U.10.2)		
decorado, el	scenery/set (U.14.1)	desayuno, el	breakfast (U.5.1)
dedo, el	finger (U.2.1)	descansar	to rest (U.20.2)
delante de	in front of (U.8.2)	desnudarse/desvestirse	to get undressed (U.15.2/U.20.1)
deletrear	to spell [out] (U.18.2)		
delgada/o	thin (U.2.2)	destino, el	destination (U.13.1)

día festivo, el	holiday (U.7.2)	doblar a la derecha	to turn right (U.8.2)
días laborables, los	working days (U.7.2)	doblar a la izquierda	to turn left (U.8.2)
diccionario, el	dictionary (U.18.2)	documento de	
diciembre	December (U.17.1)	identidad, el	identity card (U.1.1)
diez	ten (U.1.2)	dolor, el	pain (U.15.1)
difícil	difficult (U.18.2)	domicilio, el	address (U.1.1)
Dinamarca	Denmark (U.1.2)	domingo, el	Sunday (U.7.2)
diploma, el	diploma (U.18.2)	don	Mr (U.1.2)
diputado/senador, el	deputy/senator (U.19.1)	doña	Mrs (U.1.2)
dirección, la	address (U.1.2)	dormitorio, el	bedroom (U.3.2)
director, el	conductor (U.14.1)	dos	two (U.1.2)
disco, el	dial (U.9.2)	ducha, la	shower (U.3.2)
discoteca, la	discothèque (U.14.2)	ducharse	to have a shower (U.15.2)
divertirse	to enjoy/amuse oneself (U.10.2/U.20.2)	dulce	sweet (U.5.2)
		duro	hard (U.11.2)
divorciados, los	divorced (U.10.1)		

E

edificio, el	building (U.3.1)	escuela, la	school (U.18.1)
electricista, el	electrician (U.7.2)	espalda, la	back (U.2.1)
embrague, el	clutch (U.12.2)	España	Spain (U.1.2/U.19.1)
embutidos, los	sausages (U.6.1)	espectadores, los	spectators (U.16.1)
empatar	to equalize (U.16.1)	espejo, el	mirror (U.15.2)
empleado, el	employee/clerk (U.7.2)	esponja, la	sponge (U.15.2)
empresa, la	firm (U.7.2)	esposa, la	wife (U.1.1)
empresario, el	employer/manager (U.7.2)	esquina, la	corner (U.8.1)
encender	to turn on (U.20.1)	estación, la	station (U.13.2)
encendida	on (U.19.2)	estaciones, las	seasons (U.17.1)
enchufe, el	plug (U.3.2)	estanco, el	tobacconist's (U.6.2)
enero	January (U.17.1)	estar	to be (U.20.1)
enfermera, la	nurse (U.15.1)	estar acostado	to be lying [down] (U.2.1)
enfermo, el	ill (U.15.1)	estar alegre	to be happy (U.20.1)
enfrente de	opposite (U.8.2)	estar andando	to be walking (U.2.1)
ensalada, la	salad (U.5.2)	estar contento	to be glad (U.10.2)
enseñanza, la	education (U.18.1)	estar de pie	to be standing [up] (U.2.1)
enseñar	to teach (U.18.1/U.20.2)	estar moviéndose	to be moving (U.2.1)
entrar	to come in (U.8.2/U.20.1)	estar sentado	to be sitting [down] (U.2.1)
equipo, el	team (U.16.1)	estar triste	to be sad (U.20.1)
escala, la	scale (U.17.2)	este, el	east (U.17.1)
escalera, la	stairs (U.3.1)	estómago, el	stomach (U.2.2)
escaparate, el	shop window (U.9.1)	estrecho	narrow (U.11.2)
escayola, la	plaster (U.15.1)	Europa	Europe (U.1.2)
escenario, el	stage (U.14.1)	exámenes, los	examinations, exams (U.18.2)
escribir	to write (U.18.1)	explicar	to explain (U.18.1/U.20.2)
escritor, el	writer (U.7.1)	extranjero, el	abroad (U.9.2)
escuchar	to listen (U.20.2)		

F

fábrica, la	factory (U.7.2)
fácil	easy (U.18.2)
facturación de equipajes, la	luggage registration (U.13.1)
faldas, las	skirts (U.6.2)
familia, la	family (U.10.1)
farmacia, la	pharmacy (U.15.1)
faro, el	headlight (U.12.2)
farola, la	lamppost (U.9.1)
febrero	February (U.17.1)
fecha, la	date (U.13.1)
fecha de nacimiento, la	date of birth (U.1.1)
feo	ugly (U.2.2/U.11.2)
fiesta, la	party (U.10.2)
fila, la	row (U.14.1)
fin de semana, el	weekend (U.7.2)
final, el	end (U.8.2)
firma, la	signature (U.1.1/U.9.2)
Física y Química	Physics and Chemistry (U.18.2)
flores, las	flowers (U.4.2)
fontanero, el	plumber (U.7.2)
foto, la	photo (U.19.2)
Francia	France (U.1.2)
fregadero, el	sink (U.3.2)
freno, el	brake (U.12.2)
freno de mano, el	handbrake (U.12.2)
fresco	fresh (U.17.2)
frío	cold (U.5.2/U.17.2)
fruta, la	fruit (U.5.2)
fuente, la	fountain (U.8.1)
fuerte	strong (U.11.2)
función, la	performance (U.14.1)
fútbol, el	football (U.16.1)

G

gallina, la	hen (U.4.2)
gallo, el	cock (U.4.2)
ganar	to win (U.16.1/U.20.2)
garaje, el	garage (U.3.1)
garganta, la	throat (U.2.2)
gasóleo, el	diesel oil (U.12.1)
gasolina normal, la	normal petrol (U.12.1)
gasolinera, la	petrol station (U.12.1)
gato, el	cat (U.4.2)
gazpacho, el	«gazpacho» (U.5.2)
gimnasia, la	gymnastics (U.16.2)
golfo, el	gulf (U.4.1)
gorda/o	fat (U.2.2)
grados, los	degrees (U.17.2)
Gran Bretaña	Great Britain (U.1.2)
grande	big (U.11.2)
grandes almacenes, los	stores (U.6.2)
Grecia	Greece (U.1.2)
grifo, el	tap (U.3.2)
gris	grey (U.11.1)
grúa, la	crane (U.9.1)
grupos parlamentarios, los	parliamentary groups (U.19.1)
guantera, la	glove compartment (U.12.2)
guapa/o	good-looking/beautiful (U.2.2)
guía, la	guide (U.13.1)
guía telefónica, la	directory (U.9.2)
guitarra, la	guitar (U.14.2)
gustar	to taste (U.2.2)
gustar	to like (U.20.1)

H

habitación doble, la	double room (U.13.2)
habitación sencilla, la	single room (U.13.2)
hablar	to speak/to talk (U.20.2)
hablar bien	to speak well (U.18.2)
hablar despacio	to speak slowly (U.18.2)
hablar rápido	to speak fast (U.18.2)
helado, el	ice cream (U.5.2)
herido, el	injured (U.15.1)
hielo, el	ice (U.17.2)
hierba, la	grass (U.4.2)
higiene, la	hygiene (U.15.2)
hija, la	daughter (U.1.1)
hijo, el	son (U.1.1)
hijos, los	children (U.10.1)
Historia, la	History (U.18.2)
hoja, la	leaf (U.4.2)
Holanda	Holland (U.1.2)
hombre, el	man (U.1.1)

hombro, el	shoulder (U.2.1)	horrible	horrible (U.11.2)
horario, el	timetable (U.5.1/U.18.2)	hospital, el	hospital (U.15.1)
horario de recogida, el	collection time (U.9.2)	hotel, el	hotel (U.13.2)
horno, el	oven (U.3.2)	huevos, los	eggs (U.5.1)

I

idiomas	languages (U.18.2)	intermitente, el	blinker (U.12.2)
iglesia, la	church (U.8.1)	invierno, el	winter (U.17.1)
ilustración, la	picture (U.18.2)	inyección, la	injection (U.15.1)
industria, la	industry (U.4.1)	ir	to go (U.20.1)
infantas, las	infantas (U.19.1)	Irlanda	Ireland (U.1.2)
información, la	information (U.13.1)	isla, la	isle (U.4.1)
informativo, el	news (U.19.2)	Italia	Italy (U.1.2)
instituto, el	institute (U.18.1)		

J

jabón, el	soap (U.15.2)	jugador/futbolista, el	football player (U.16.1)
jamón, el	ham (U.6.1)	jugar	to play (U.16.2)
jarabe, el	syrup (U.15.1)	jugar a las cartas	to play cards (U.14.2)
jarra, la	pitcher (U.5.1)	jugar al bingo	to play bingo (U.14.2)
joven, el	young (U.2.2)	julio	July (U.17.1)
judo, el	judo (U.16.2)	junio	June (U.17.1)
jueves, el	Thursday (U.7.2)	junto a	by/close to (U.8.2)
juez de tenis, el	umpire (U.16.1)	justicia, la	justice (U.19.1)

L

ladera, la	slope (U.4.1)	levantarse	to stand up/to get up (U.20.1)
lago, el	lake (U.4.1)	libre	free (U.9.1)
lámpara, la	lamp (U.3.1)	librera, la	bookseller (U.7.1)
lana, la	wool (U.11.1)	librería, la	bookshop (U.7.1)
lápiz, el	pencil (U.18.1)	libro, el	book (U.18.1)
Latín	Latin (U.18.2)	límite de velocidad, el	speed limit (U.12.1)
lavabo, el	washbasin (U.3.2)	limpia-parabrisas, el	windscreen wiper (U.12.2)
lavandería, la	laundry (U.15.2)	línea, la	line (U.16.1)
lavar el pelo	to wash one's hair (U.15.2)	líneas aéreas, las	airlines (U.13.1)
lavarse	to wash oneself (U.15.2)	litera, la	berth, bunk (U.13.2)
lavarse los dientes	to brush one's teeth (U.15.2)	litro, el	litre (U.6.1)
leche, la	milk (U.5.2)	llano, el	plain (U.4.1)
lechuga, la	lettuce (U.6.1)	llave, la	key (U.12.2/U.13.2)
leer	to read (U.18.1)	llegada, la	arrival (U.13.1)
lejos	far (U.8.2)	llegar	to arrive (U.20.2)
Lengua	Language (U.18.2)	llegar pronto	to be early (U.20.2)
letras, las	letters (U.1.1)	llegar tarde	to be late (U.20.2)

llevar	to take to/to carry (U.20.1)	lugar de interés, el	point of interest (U.13.1)
llorar	to cry (U.10.2)	lugar de nacimiento, el	place of birth (U.1.1)
lluvia, la	rain (U.17.1)	lunes, el	Monday (U.7.2)
locutor, el	newscaster (U.19.2)	Luxemburgo	Luxembourg (U.1.2)

M

madera, la	wood (U.11.1)	mercado, el	market (U.6.1)
madre, la	mother (U.1.1)	merienda, la	afternoon snack (U.5.1)
maestro, el	schoolteacher (U.18.1)	mermelada, la	jam (U.5.2)
maleta, la	suitcase (U.13.1)	mesa, la	table (U.3.2)
maletero, el	boot (U.12.2)	mesa de desayuno, la	breakfast table (U.5.2)
manicura, la	manicure (U.15.2)	mesa reservada, la	booked table (U.14.2)
mano, la	hand (U.2.1)	meses, los	months (U.17.1)
manta, la	blanket (U.3.2)	metal, el	metal (U.11.1)
mantel, el	tablecloth (U.14.2)	meter	to put in (U.20.1)
mantequilla, la	butter (U.5.2)	micrófono, el	microphone (U.14.2)
manzanas, las	apples (U.6.1)	miel, la	honey (U.5.2)
mañana, la	morning (U.7.2)	miércoles, el	Wednesday (U.7.2)
mar, el	sea (U.4.1/U.17.2)	ministerio, el	ministry (U.7.2)
marcador, el	scoreboard (U.16.1)	minúsculas, las	small letters (U.1.1)
marchar	to go (U.20.2)	moneda, la	coin (U.6.2)
marido/esposo, el	husband (U.1.1)	monedero, el	purse (U.6.2)
marrón	brown (U.11.1)	montaña, la	mountain (U.4.1)
martes, el	Tuesday (U.7.2)	monte, el	mount (U.4.1)
marzo	March (U.17.1)	morena/o	brown, dark (U.2.2)
Matemáticas	Mathematics (U.18.2)	mosca, la	fly (U.4.2)
matrimonio, el	marriage, couple (U.10.1)	mosquito, el	mosquito (U.4.2)
mayo	May (U.17.1)	motocicleta, la	motorcycle (U.12.1)
mayúsculas, las	capital letters (U.1.1)	muelle, el	wharf (docks) (U.13.2)
mechero/encendedor, el	lighter (U.6.2)	mujer, la	woman (U.1.1)
mediano	medium (U.11.2)	multa, la	fine (U.9.1)
medias, las	tights (U.6.2)	museo, el	museum (U.8.1)
medicina, la	medicine (U.15.1)	músico, el	musician (U.7.1)
mediodía, el	midday/noon (U.7.2)	muslo, el	thigh (U.2.1)
menú, el	menú (U.5.2)	muy	very (U.11.2)

N

nacionalidad, la	nationality (U.1.1)	negro	black (U.11.1)
nada	nothing (U.11.2)	neumático, el	tyre (U.12.2)
nadar	to swim (U.16.2)	nevera, la	refrigerator (U.3.2)
naranja, la	orange (U.6.1)	niebla, la	fog (U.17.1)
naranjada, la	orange juice (U.5.1)	nietos, los	grandchildren (U.10.1)
naranjas, las	oranges (U.6.1)	nieve, la	snow (U.17.1)
nariz, la	nose (U.2.2)	niño, el	child (U.2.2)
natación, la	swimming (U.16.2)	no adelantar	«no overtaking» (U.12.1)
navegar	to sail (U.16.2)	no gustar	to dislike (U.20.1)

noche, la	night (U.1.1)	noviembre	November (U.17.1)
nombre, el	name (U.1.1)	novios, los	engaged couple (U.10.1)
normal	normal (U.11.2)	nube, la	cloud (U.17.1)
norte, el	north (U.17.1)	nueve	nine (U.1.2)
notas, las	marks (U.18.2)	número de cuenta, el	account number (U.9.2)
noveno	ninth (U.1.2)	números, los	numbers (U.1.2)

O

obra, la	play (U.14.1)	ola, la	wave (U.16.2/U.17.2)
obras, las	works (U.9.1/U.12.1/U.14.1)	oler	to smell (U.2.2)
ocho	eight (U.1.2)	ópera, la	opera (U.14.1)
octavo	eighth (U.1.2)	oreja, la	ear (U.2.2)
octubre	October (U.17.1)	orilla, la	shore (U.16.2)
ocupado	occupied (U.9.1)	orquesta, la	orchestra (U.14.1)
oeste, el	west (U.17.1)	oscuro	dark (U.11.1)
oír	to hear (U.2.2)	otoño, el	autumn (U.17.1)
ojo, el	eye (U.2.1)	ovalado	oval (U.11.1)
ojos, los	eyes (U.2.1)	oveja, la	sheep (U.4.2)

P

padre, el	father (U.1.1)	patatas, las	potatoes (U.5.2/U.6.1)
padre, los	parents (U.10.1)	patatas fritas, las	chips/French fries (U.5.1)
paella, la	paella (U.5.2)	peaje, el	toll (U.12.1)
paisaje, el	landscape (U.4.1)	peatón, el	pedestrian (U.9.1)
pájaro, el	bird (U.4.2)	película, la	movie/film (U.14.1)
palabra, la	word (U.18.2)	pelo, el	hair (U.2.1)
palacio, el	palace (U.8.1)	pelota, la	ball (U.16.1)
palanca de cambio, la	gear-lever (U.12.2)	peluquería, la	hairdresser's (U.15.2)
palco, el	box (U.14.1)	peluquero, el	hairdresser (U.7.1)
pan, el	bread (U.5.1)	pensión, la	boarding house (U.13.2)
panadería, la	baker's (U.7.1)	pequeño	little (U.11.2)
panadero, el	baker (U.7.1)	peras, las	pears (U.6.1)
pantalones, los	trousers (U.6.2)	perder	to lose (U.20.2)
papel (hoja), el (una)	sheet of paper (U.18.1)	periódico, el	newspaper (U.19.2)
paquete, el	parcel (U.9.2)	permiso de conducir, el	driving licence (U.12.1)
parada de autobús, la	bus stop (U.9.1)	perro, el	dog (U.4.2)
parada de taxi, la	cab rank (U.9.1)	pescado, el	fish (U.5.2)
paraguas, el	umbrella (U.6.2)	pianista, el	pianist (U.14.1)
parlamento, el	parliament (U.19.1)	picador, el	picador (U.16.2)
parque, el	park (U.8.1/U.9.1)	picaporte, el	doorhandle (U.12.2)
partidos políticos, los	political parties (U.19.1)	pico, el	peak (U.4.1)
pasajero, el	passenger (U.13.1)	pie, el	foot (U.2.1)
paseo, el	avenue (U.1.2)	piedra, la	stone (U.11.1)
paso de peatones, el	pedestrian crossing (U.9.1)	pierna, la	leg (U.2.1)
pasta dentrífica, la	toothpaste (U.15.2)	píldoras, las	pills (U.15.1)
pastillas, las	tablets (U.15.1)	piloto, el	pilot (U.13.1)

pimienta, la	pepper (U.5.1)	preguntar	to ask (U.18.1/U.20.2)
pimientos, los	peppers (U.6.1)	prensa, la	press (U.19.2)
pintor, el	painter (U.7.1)	presentador, el	announcer (U.19.2)
pipa, la	pipe (U.6.2)	presentar (a alguien)	to introduce (U.10.2)
piso, el	floor (U.3.1)	primavera, la	spring (U.17.1)
plancha, la	iron (U.15.2)	primer plato, el	first course (U.5.2)
planchar	to iron (U.15.2)	primero	first (U.1.2)
plano, el	map (U.8.2)	primos, los	cousins (U.10.1)
plano ciudad, el	street map (U.8.1)	Príncipe, el	Prince (U.19.1)
planta, la	plant (U.4.2)	principio, el	beginning (U.8.2)
plástico, el	plastic (U.11.1)	procedencia, la	from (U.13.1)
plátanos, los	bananas (U.6.1)	profesión, la	profession/occupation (U.1.1)
plato, el	dish (U.14.2)	profesor, el	teacher (U.18.1)
playa, la	beach (U.4.1/U.16.2)	programa, el	programme (U.14.1)
plaza, la	square (U.1.2/U.8.1)	programa de debate, el	debate programme (U.19.2)
plaza de toros, la	bullring (U.16.2)	programa deportivo, el	sports programme (U.19.2)
poco	little (U.11.2)	programa musical, el	musical programme (U.19.2)
poeta, el	poet (U.7.1)	propina, la	tip (U.14.2)
policía, el	policeman (U.9.1)	provincias, las	provinces (U.9.2)
política	politics (U.19.1)	próximo (cercano)	close (U.8.2)
pollo, el	chicken (U.6.1)	próximo estreno, el	release soon (U.14.1)
poner	to place/to put (U.20.1)	publicidad, la	advertising (U.19.2)
portería, la	goal line (U.16.1)	pueblo, el	village (U.4.2)
portero, el	porter (U.3.1)	puente, el	bridge (U.8.1)
portero (de fútbol)	goalkeeper (U.16.1)	puerta, la	door (U.3.2/U.12.2)
Portugal	Portugal (U.1.2)	puerta de embarque, la	boarding gate (U.13.1)
postre, el	dessert (U.5.2)	puerto, el	harbour (U.13.2)
precio, el	price (U.6.2)	pulmones, los	lungs (U.2.2)

Q

quedar con alguien	to date someone (U.10.1)	quiosco, el	newsstand (U.7.1)
queso, el	cheese (U.5.1)	quitar	to take off (U.20.1)
quinto	fifth (U.1.2)		

R

radio, la	broadcasting (U.19.2)	regalo, el	gift (U.10.2)
rama, la	branch (U.4.2)	Reina, la	Queen (U.19.1)
raqueta, la	racket (U.16.1)	reino, el	kingdom (U.19.1)
raro	strange (U.11.2)	reír	to laugh (U.10.2)
rayo, el	lightning (U.17.2)	rejoneador, el	rejoneador (U.16.2)
rebajas, las	sales (U.6.2)	relojería, la	watchmaker's (U.7.1)
rebanada, la	slice (U.5.1)	relojero, el	watchmaker (U.7.1)
recepción, la	reception (U.13.2)	relojes, los	watches (U.6.2)
recoger a alguien	to pick someone up (U.10.1)	remite, el	sender (U.9.2)
red, la	net (U.16.1)	residencia, la	residence (U.13.2)
redondo	round (U.11.1)	retrovisor, el	rearview mirror (U.12.2)

revisor, el	ticket inspector (U.13.2)	ropa interior, la	underwear (U.6.2)
revista, la	review, magazine (U.19.2)	ropa limpia, la	clean clothes (U.15.2)
Rey, el	King (U.19.1)	ropa sucia, la	dirty clothes (U.15.2)
río, el	river (U.4.1)	rubia/o	fair (U.2.2)
rocas, las	rocks (U.4.1)	rueda, la	wheel (U.12.2)
rodilla, la	knee (U.2.1)	rueda de repuesto, la	spare wheel (U.12.2)
rojo	red (U.11.1)	ruedo, el	bullring (U.16.2)

S

sábado, el	Saturday (U.7.2)	señora, la	mistress (U.1.2)
sábana, la	sheet (U.3.2)	septiembre	September (U.17.1)
sacar	to take out (U.20.1)	séptimo	seventh (U.1.2)
sal, la	salt (U.5.1)	ser	to be (U.20.1)
sala, la	ward (U.15.1)	servicio militar, el	military service (U.19.1)
sala de estar, la	drawing room (U.3.2)	servilleta, la	napkin (U.14.2)
salado	salted (U.5.2)	sexto	sixth (U.1.2)
salchichón, el	sausage (U.6.1)	siete	seven (U.1.2)
salida, la	exit (U.13.1)	significado, el	meaning (U.18.2)
salir	to go out/to come out (U.8.2)	silla, la	chair (U.3.2)
salir con alguien	to be going out (U.10.1)	sindicatos, los	trade unions (U.19.1)
saludar	to welcome/to greet (U.10.2)	sirena, la	alarm (U.15.1)
sangría, la	sangría (U.5.1)	sobre, el	envelope (U.9.2)
seco	dry (U.17.2)	sobrina, la	niece (U.10.1)
seda, la	silk (U.11.1)	sobrino, el	nephew (U.10.1)
segundo	second (U.1.2)	sobrinos, los	nephews and nieces (U.10.1)
segundo plato, el	second course (U.5.2)	socialistas, los	socialists (U.19.1)
seguridad social, la	social insurance (U.19.1)	sofá, el	sofa (U.3.2)
seis	six (U.1.2)	soleado	sunny (U.17.1)
sello, el	stamp (U.9.2)	soltera, la	single (U.1.1)
semáforo, el	traffic lights (U.9.1)	soltero, el	bachelor (U.1.1)
semana, la	week (U.7.2)	sombra, la	shadow (U.17.2)
senado, el	senate (U.19.1)	sopa, la	soup (U.5.2)
senador, el	senator (U.19.1)	suegros, los	parents-in-law (U.10.1)
sentarse	to sit [down] (U.20.1)	supermercado, el	supermarket (U.7.2)
señal de tráfico, la	traffic signal (U.12.1)	sur, el	south (U.17.1)
señor, el	mister (U.1.2)	suspender	to fail (U.18.2/U.20.2)

T

tabaco de pipa, el	pipe tobacco (U.6.2)	tarta, la	cake (U.5.2)
talón, el	check (U.9.2)	taxi, el	taxi/cab (U.9.1)
tapa, la	appetizer (U.5.1)	taza, la	cup (U.5.1)
taquilla, la	box office (U.14.1)	té, el	tea (U.5.2)
tarde, la	afternoon (U.7.2)	teatro, el	theatre (U.14.1)
tarjeta, la	postcard (U.9.2)	tebeo, el	children's comic (U.19.2)
tarjeta de crédito, la	credit card (U.6.2)	teléfono, el	telephone (U.3.1)
tarjeta postal, la	card (U.9.2)	teléfono público, el	public telephone (U.9.2)

televisión, la	television (U.3.1/U.19.2)	toalla, la	towel (U.3.2/U.15.2)
templado	mild (U.17.2)	tobillo, el	ankle (U.2.1)
temporal, el	tempest (U.17.2)	tocar	to touch (U.2.2)
tenedor, el	fork (U.14.2)	todo seguido	right ahead (U.8.2)
tener calor	to be hot (U.2.2)	tomar copas	to have a drink (U.14.2)
tener frío	to be cold (U.2.2)	tomar el aperitivo	to have an aperitif (U.14.2)
tener hambre	to be hungry (U.2.2)	tomar el sol	to lie in the sun (U.16.2)
tener sed	to be thristy (U.2.2)	tomates, los	tomatoes (U.6.1)
tener sueño	to be sleepy (U.2.2)	torero, el	bullfighter (U.16.2)
tener una cita	to have an appointment (U.10.1)	tormenta, la	storm (U.17.1/U.17.2)
tenis, el	tennis (U.16.1)	toro, el	bull (U.4.2/U.16.2)
tercero	third (U.1.2)	tortilla, la	omelette (U.5.1)
termómetro, el	thermometer (U.15.1/U.17.2)	tostada, la	toast (U.5.2)
ternera, la	veal (U.6.1)	trabajar	to work (U.20.2)
terraza, la	balcony (U.3.1/U.5.1)	traducir	to translate (U.18.2)
tienda de tejidos, la	textile shop (U.7.1)	traer	to bring (U.20.1)
tierra, la	land (U.4.1)	trajes, los	suits (U.6.2)
tierra de labranza, la	farmland (U.4.2)	tren, el	train (U.13.2)
tijeras, las	scissors (U.15.2)	tres	three (U.1.2)
tintorería, la	dry cleaning (U.15.2)	triangular	triangular (U.11.1)
tía, la	aunt (U.10.1)	triste	sad (U.10.2)
tío, el	uncle (U.10.1)	tronco, el	trunk (U.4.2)
tíos, los	uncles and aunts (U.10.1)	trozo, el	piece (U.5.1)
titulares, los	headlines (U.19.2)		

U

universidad, la	university (U.18.1)	urgencia, la	emergency (U.15.1)
universitaria	university (U.18.1)	urgente	urgent (U.9.2)
uno	one (U.1.2)	uvas, las	grapes (U.6.1)

V

vaca, la	cow (U.4.2)	ventanilla, la	window (U.12.2)
vacaciones culturales, las	cultural holidays (U.13.1)	ver	to see (U.2.2)
vacaciones en el mar, las	sea holidays (U.13.1)	verano, el	summer (U.17.1)
vacaciones en la montaña, las	mountain holidays (U.13.1)	verde	green (U.11.1)
valle, el	valley (U.4.1)	verduras, las	vegetables/greens (U.6.1)
vaso, el	glass (U.5.1)	vestidos, los	dresses (U.6.2)
vecinos, los	neighbours (U.10.1)	vestirse	to dress oneself (U.15.2/ U.20.1)
velocímetro, el	speedometer (U.12.2)	vestuarios, los	changing room (U.15.2)
venda, la	bandage (U.15.1)	vía, la	rail (U.13.2)
vendedor de prensa, el	newsagent (U.7.1)	viajero, el	traveler (U.13.2)
vender	to sell (U.20.2)	viento el,	wind (U.17.2)
venir	to come (U.8.2)	viernes, el	Friday (U.7.2)
ventana, la	window (U.3.1)	vinagre, el	vinegar (U.5.1)
ventanilla, la	window (U.9.2)	vino, el	wine (U.5.1)

violinista, el	violinist (U.14.1)	volver la esquina	to turn the corner (U.8.2)
volante, el	steering wheel (U.12.2)	vuelo, el	flight (U.13.1)
volver	to come back (U.20.1)		

Y

yate, el	yacht (U.13.2)	yerno, el	son-in-law (U.1.1)

Z

zapatería, la	shoe shop (U.7.1)	zona azul, la	meter zone (U.9.1)
zapatero, el	shoemaker (U.7.1)	zumo de frutas, el	fruit juice (U.5.2)
zapatos, los	shoes (U.6.2)		